现代农业经济发展与管理

赵廷春　任大云　高泗坤◎著

经济日报出版社

北京

图书在版编目（CIP）数据

现代农业经济发展与管理 / 赵廷春，任大云，高泗
坤著. -- 北京：经济日报出版社，2025.3
ISBN 978-7-5196-1475-1

Ⅰ．①现… Ⅱ．①赵… ②任… ③高… Ⅲ．①农业经
济发展－研究－中国②农业经济管理－研究－中国 Ⅳ．
①F32

中国国家版本馆 CIP 数据核字 (2024) 第 067572 号

现代农业经济发展与管理
XIANDAI NONGYE JINGJI FAZHAN YU GUANLI

赵廷春　任大云　高泗坤　著

出版发行：经济日报出版社
地　　址：北京市西城区白纸坊东街 2 号院 6 号楼
邮　　编：100054
经　　销：全国各地新华书店
印　　刷：廊坊市博林印务有限公司
开　　本：787mm×1092mm　1/16
印　　张：9.5
字　　数：190 千字
版　　次：2025 年 3 月第 1 版
印　　次：2025 年 3 月第 1 次
定　　价：68.00 元

前　言

农业是国民经济的基础，农业经济的稳定、协调和健康增长对于提升整个国民经济的发展水平、解决"三农"问题都有积极而重要的作用。农业要发展，投入是关键。农业在由传统向现代转变、由粗放经营向集约经营转变的过程中，面临着日益紧缺的资源压力和生态环境恶化的挑战，农业发展资金短缺的状况也将长期存在。

农业经济工作涉及农村经济、农业政策、土地、统计、承包、农产品加工、新农合等方面。农业经济发展和管理面临着新的挑战，要与国家农业经济改革发展和乡村振兴战略的实施相适应，要创新农业经营管理方法，完善农业经济管理体制，推进农业经济管理现代化和产业化。

本书以现代农业经济发展和管理作为研究对象，首先分析了农业的相关概念，接着指明了现代农业的微观经济组织，随后对现代农业的生产要素、现代农业的市场化，以及农村金融、以及互联网+时代背景下农业经济的创新发展作出了系统的探索与分析，以供业界参考。

赵廷春　任大云　高泗坤

2024 年 8 月

目　　录

第一章　农业与农业经济学 ………………………………………… 1

　　第一节　农业的概念及重要作用 ………………………………… 1

　　第二节　农业经济学 …………………………………………… 10

第二章　现代农业的微观经济组织 ……………………………… 21

　　第一节　现代农业的产权结构 ………………………………… 21

　　第二节　现代农业的家庭经营 ………………………………… 25

　　第三节　农业产业化经营 ……………………………………… 34

第三章　现代农业的生产要素 …………………………………… 38

　　第一节　农业自然资源 ………………………………………… 38

　　第二节　农业劳动力资源与资金 ……………………………… 43

　　第三节　农业科技进步及信息化发展 ………………………… 52

第四章　现代农业的市场化 ……………………………………… 59

　　第一节　农产品的需求与供给 ………………………………… 59

　　第二节　农产品的市场与定价 ………………………………… 64

　　第三节　农产品营销与农业物流 ……………………………… 76

第五章　农村金融 ………………………………………………… 82

　　第一节　新农村建设与农村金融 ……………………………… 82

　　第二节　农村金融与农村资金运动 …………………………… 89

　　第三节　新型农村金融机构 …………………………………… 95

第六章 互联网+时代背景下农业经济的创新发展 …………………………………… 102

第一节 互联网+时代背景下农业生产体系的发展 ………… 102

第二节 互联网+时代背景下农业平台体系的发展 ………… 119

第三节 互联网+时代背景下农业营销模式的创新发展 ………… 133

参考文献 ……………………………………………………………………… 143

第一章 农业与农业经济学

第一节 农业的概念及重要作用

一、农业的概念

(一) 农业的内涵

农业是人类充分利用土地、水分、光照、热量等自然资源和环境条件，依靠生物的生长发育功能并辅以人类劳动以获取物质产品的产业。农业生产的对象是生物体，人类则从中获取动植物产品。不过，受所处历史阶段不同和国家之间国民经济产业划分差异的影响，农业包括的内容、涉及的范围并非完全一致。在早些时候乃至今天那些社会分工相对滞后的国家，植物栽培业和动物饲养业构成了整个农业。其中，植物栽培业是指人类充分利用光、热、水、空气以及土壤中所富含的各种矿物质养分，借助绿色植物的加工合成功能获取植物性产品的生产部门，包括种植业、林果业以及园艺花卉业。动物饲养业是指人类将植物产品作为基本饲料，利用动物的生长发育功能与消化合成功能获取各种动物性产品或役用牲畜的生产部门，由畜牧业和渔业（即水产养殖业）两部分构成。随着社会经济的发展以及人类认知水平的逐步提高，一些发生于农村的非农生产活动被定位成农业的副业，也纳入农业概念。

因此，也就出现了狭义农业与广义农业之分。其中，狭义农业主要指种植业，包括粮食作物、经济作物以及果林等的种植；广义农业除了涉及种植业（也称农业），还包括林业、畜牧业、副业和渔业。近年来，随着社会经济的进一步发展以及农业现代化步伐的加快，农业与工商业之间的联系也日趋紧密。为了便于农业经营管理，一些国家把为农业提供生产资料的上游部门以及从事农产品加工、储藏、运输、销售等活动的下游部门也划归农业部门，由此使得农业的概念更加宽泛。

（二）农业的本质特征

基于农业内涵不难发现，农业生产不属于简单行为，而是一个由三类因素共同作用的过程：一是生物有机体，即植物、动物以及微生物必须存在；二是自然环境，如土地、水分、光照、热量等均需满足特定的条件；三是人类劳动，即整个农业生产活动过程均须人类参与其中。这三类因素相互关联、共同作用，使农业生产具有了自然再生产与经济再生产相互交织的根本特性。

1. 农业生产是一种自然再生产过程

农业是利用生物有机体的生长发育过程所进行的生产，是生命物质的再延续，因而也是有机体的自然再生产过程。例如，种植业和林业的生产过程也是绿色植物的生长、繁殖过程。在该过程中，绿色植物通过吸收土壤中的水分、矿物质和空气中的二氧化碳，利用光合作用制造出富含碳水化合物、蛋白质和脂肪等多种营养元素的植物产品。又如，畜牧业和渔业的生产过程也是家畜和鱼类的生长、繁殖过程。在这一过程中，动物以植物或其他动物产品为食，通过新陈代谢功能将其转化为自身所需的营养物质以维持其正常的生命活动，植物性产品由此转化成动物性产品。与此同时，当动植物的残体和动物排泄物进入土壤或者渗入水体之后，经过微生物还原，会再次成为植物生长发育的重要养料来源，由此重新步入生物再生产的循环过程之中。总体而言，自然再生产一般通过生物自身的代谢活动而实现，可看作农业再生产的自然基础。

2. 农业生产是一种经济再生产

所谓经济再生产，是指农业生产者在特定的环境下结成一定的生产关系，借助相应的生产工具对动植物进行具体的生产活动，以获取所需要的农产品。它是农业生产者遵循自然规律以生物体自身的代谢活动为基础，为了满足人类的需要而通过劳动对自然再生产进行作用与指导的过程。在这个过程中，所获取的农产品除了可供生产者自身消费之外，也可作为生产资料进入下一个农业生产环节，还可通过物质交换获取生产者所需的其他消费品和生产资料。

3. 农业是自然再生产与经济再生产相交织的过程

单纯的自然再生产是生物有机体与自然环境之间的物质、能量交换过程，如果缺少人类劳动参与，它就是自然界的生态循环而非农业生产。而经济再生产过程则是农业生产者对自然再生产过程进行有意识的干预，通过劳动改变动植物的生长发育过程和条件，从中获取自身所需动植物产品的过程。因此，此类干预不仅要符合动植物生长发育的自然规律，还必须与社会经济再生产的客观规律保持一致。

(三) 农业的具体特征

由于农业生产中的自然再生产与经济再生产相互交织且密不可分，由此派生出了农业区别于工业和其他物质生产部门的若干具体特点，分别是：

1. 土地是农业生产最为基本且无法替代的生产资料

农业生产离不开土地资源，农业活动则是人类利用土地对动植物发生作用。农业用地通常又称为农用地，是指直接或间接为农业生产所利用的土地，一般包括耕地、园地、林地、牧草地、养殖水面、农田水利设施用地、其他农业基础设施建设用地等。农用土地所具有的特殊自然属性和经济属性，如数量的有限性、位置的固定性、质量的差异性、肥力的可变性、效用的持续性、使用的选择性、收益的级差性等，要求农业生产者在今后的农业用地利用过程中应更为注重集约经营、合理布局等。

2. 农产品是人类最为基本的物质生活资料

随着社会经济的不断发展以及人民收入水平的逐步提升，人们的消费水平也在不断提高，其衣、食、住、行等各个方面均发生了巨大变化，越来越多的加工制品进入人们的日常消费领域。尽管如此，人们生活所需的粮、棉、油、肉、蛋、奶、果、茶、菜等基本农产品仍需农业来提供。它们是人们生活中不可或缺的物质生活资料，在未来的发展中除了追求数量的增加之外，还须注重产品结构的优化与产品质量的改进，否则便会制约人类的生存和发展。

3. 农业生产的主要对象是有生命的动植物，具有周期性和季节性特点

动物和植物是农业生产的主要对象，与工业品相比，具有生命是其最为显著的特点。人们的生产劳动需通过动植物自身的生长发育过程而起作用，而劳动成果则需通过动植物生命的终结来获取。与此同时，农业生产在其时间分配上还具有特殊性，大多数活动都须按季节顺序进行，并存在一定的变化周期，换言之，即农业生产具有周期性和季节性特点。究其原因，主要在于动植物的生长发育通常存在一定规律，并且受自然因素影响，而自然因素又随季节而变化且呈现出周期性特征。为此，生产者应认识和遵循动植物的生命活动规律，按其生命活动周期开展农业生产活动，比如因地制宜、不违农时、按季播种。

4. 农业生产具有分散性和地域性

由于农业生产活动主要在土地上进行，而农用土地的位置较为固定且分布相对零散，从而使得农业生产在空间上呈现出分散性特点。与此同时，农业生产还具有明显的地域差异，不同地区的产业结构、所生产的品种和数量都会不同。主要原因在于，不同生物生长发育所要求的热量、光照、水分、土壤等自然条件通常存在差异，且世界各地自然条件、社会经济条件和国家政策也存在地域差别。目前，全球已形成多种农业地域类型，如商品谷物农业、乳畜业、热带雨林迁徙农业等。农业生产的地域性特征要求农业生产者在实践中要因地制宜。

5. 农业生产时间与劳动时间存在非一致性

农业生产时间是指农业自然生产全过程所需要的时间，其长短通常由两方面因素决定，一是生物自身生命活动规律与周期的约束，二是自然资源环境条件的制约。农业劳动时间是指人类根据动植物生长发育的实际需要所投入的劳动时间，而农业自然再生产的特殊性，使得农业劳动投入通常具有间断性和季节性的特点，由此导致农业生产时间与劳动时间产生了非一致性，即动植物在生长发育过程中有时无须人类劳动其生命活动过程也照常进行。由于二者的不一致，还衍生出了其他一些显著特点，如农业生产资料使用的季节性、农产品获取的间断性以及农业资金收支的阶段性、非平衡性。

6. 农业生产通常面临自然和市场的双重风险

绝大多数农业生产活动都是在自然环境中进行，但自然环境通常面临诸多不可控因素，比如水旱灾害、病虫害、动物疫情、森林火灾、有害生物入侵等，由此导致农业生产活动经常面临极大的自然风险。同时，农业生产周期一般较长，在缺少外力的条件下，其按季播种、按季收获的规律难以改变，这也使得农产品供给的弹性较小，通常很难依据市场的变化及时调整生产结构或者改变生产规模；农产品特殊的生物学特性，对加工、贮藏、运输以及销售等环节均有着较高的要求。这些不确定性使得农业生产经营不仅具有自然风险，还面临着较大的市场风险。

二、农业的地位和作用

作为最为古老的物质生产部门，农业一直都是国民经济的基础，在国民经济中占有重要的地位，其基础性地位是历史发展的客观必然，不以人类意志为转移；同时，农业在推进国民经济发展上也具有独特作用。

（一）农业是国民经济的基础

农业的基础性地位主要表现在以下三个方面。

1. 农业是为人类提供生存必需品的物质生产部门

食物是维持人类生存最为基本的生活资料，而它是由农业生产的动植物产品（准确地说，还包含微生物）来提供。迄今为止，利用工业方法合成食物的前景依旧遥远，可能永远也不会成为食物供给最为主要的途径。为此，我们可以大胆揣测，不论是过去、现在还是将来，农业都是人类的衣食之源和生存之本。

2. 农业是国民经济其他物质生产部门赖以独立和进一步发展的基础

通常情况下，只有当农业生产者所提供的剩余产品较多时，其他经济部门才能独立，并安心从事工业、商业等其他经济活动。

在古代，农业是整个社会的决定性生产部门，为了生存，几乎所有劳动者都从事农业生产，基本不存在社会分工；后来，随着农业生产力的不断发展，农业生产效率得到了极大提升，农业剩余产品快速增加，社会将日益增加的劳动力从农业生产中逐步分离出来，由此形成人类社会的第一次、第二次和第三次大分工，该过程不仅实现了农业产业内部种养殖业的分离，还有力地促进了工业、商业和其他产业的有效分离，进而相继成为独立的国民经济部门。

3. 农业的基础性地位论断是普遍适用于各国且能长期发挥作用的规律

农业产值和劳动力占国民经济的比重逐年下降是世界各国在经济发展进程中所遇到的一个普遍规律。但是，无论是在农业所占比重较大的国家，还是比重较小甚至农业相对缺失的国家，农业的基础性地位论断这一规律都将发挥作用。假如一个国家的农业生产无法满足本国经济发展需要，就必须依赖于其他国家，即以外国的农业为基础，这从长期来看，显然不利于该国的安全与稳定。

（二）农业是国民经济发展的重要推动力

1. 产品贡献

食品是人们生活最基本的必需品，而农业则为包括非农产业部门从业人员在内的全体民众提供了食品。一般而言，只有当农业从业者所生产的农产品满足自身需求且有剩余之时，其他国民经济生产部门才能得以顺利发展。虽然从理论上讲，可以通过进口缓解国内食品的供给不足，但实际中大量进口食品会受到政治、社会和经济等多重因素的制约，甚至会让一个国家面临风险并陷入困境。因此，我国未来农业的发展之路必然是依靠本国农业满足广大消费者对食品日益增长的需求。除了食品贡献之外，农业还为工业尤其是轻工业提供了重要的原料来源，从而为推进我国工业化进程发挥重要作用。作为发展中国家，大力发展以农业为原料的加工业可以充分发挥我国的体制优势，有助于工业化进程的加快和国民收入的增加。此外，农业的产品贡献还表现在对国民经济增长的促进上，由于农产品尤其是谷物产品的需求收入弹性要小于非农产品，民众收入的增加通常意味着其用于食品消费的支出比重会不断下降，进而导致国民经济中农业的产值份额随之下降。但同时，以农产品为原料进行生产的工业品的需求弹性一般大于原料本身的收入弹性，这样使得农业的重要性相对提高，对国民经济发展的促进作用增大。

2. 要素贡献

要素贡献的含义是指农业部门的生产要素转移到非农产业部门并推动其发展。主要表现在以下三个方面。

（1）土地要素贡献

国民经济其他产业部门的发展通常需要农业部门释放和转移更多的土地资源作为其生产和活动的场所，比如城区范围的扩大、道路交通的修建、工矿企业的建设等。一般而言，非农产业对土地的需求是社会经济发展的必然，其所需土地多位于城郊或者农业较为发达的地区。虽然从回报来看，农地非农化会使农民收益得到增加，对于他们而言无疑是理性选择。但从整个国家和社会层面来看，市场机制的过度自由发挥将不利于农业乃至整个国民经济的持续健康发展。因为农地资源属于稀缺性资源，供给相对有限且具有不可替代性，其规模的减少必然不利于农产品的有效供给和社会的长治久安。因此，在满足非农产业发展建设用地需求的同时，也要适当加以宏观调控。

（2）劳动力要素贡献

在人类社会发展的初期，农业是唯一的生产部门，几乎所有的劳动力都集中在农业生产领域。随着社会经济的不断发展，农业生产率得到了极大提高，其对劳动力的需求开始下降，由此出现了农业劳动力剩余，他们可以向其他非农产业部门转移，从而为非农产业的快速发展提供必要的生产要素，并创造最为基本的生产条件。由此可见，农业是非农产业部门重要的劳动力来源渠道，为它们的形成和发展做出了巨大贡献。但是，对于大多数国家尤其是发达国家而言，非农产业的快速发展以及机械化、信息化、自动化技术的不断普及与应用，会导致其对农业劳动力的吸纳能力越来越低，并由此引发农业劳动力的结构性过剩，即低素质劳动力供给严重过剩，而符合要求的高素质劳动力却供给不足。大量剩余劳动力的出现已经成为制约我国社会经济发展的重大障碍。

（3）资本要素贡献

在经济发展的初级阶段，农业是最主要的物质生产部门，而工业等其他新生产业部门起点相对较低、基础薄弱，基本无资本积累能力。在这个阶段，农业不仅要为自身发展积累资金，还须为工业等其他产业部门积累资金。由此可见，国家早期的工业化以及新生产业的资本原始积累主要依赖于农业，农业为一个国家的工业化进程提供了重要的资本要素贡献。随着社会经济的进一步发展，非农产业部门凭借着较快的技术进步以及对自然资源的使用不受约束等得天独厚的优势，使得其资本报酬要远高于农业部门，在该情形下要素的趋利流动规律又促使农业资本流向非农产业部门，再一次为非农产业的发展做出资本贡献。与此同时，鉴于非农产品的需求收入弹性要大于农产品的需求收入弹性，政府部门也倾向于将农业资本增量投向非农产业部门，通常政府会通过行政手段实现资本的转移。

3. 市场贡献

农业对国民经济的市场贡献主要通过两个维度来体现：一方面，农民作为卖者，可以为市场提供各类农产品，以满足社会对粮食、肉类、蔬菜及其他一切农产品日益增长的需求。作为消费市场的重要组成部分，农产品市场的丰裕程度是衡量一个国家或地区市场经济是否繁荣的重要标志。农产品市场供给充足，流通量增加，不但可以促进相关运销业的发展，还有利于社会消费成本的降低，进而促进农产品市场体系的日趋完善以及农业要素市场体系的成熟发育；另一方面，农民作为购买者，还是各类工业品的购买者，以满足自身生产与生活的需要。如以化肥、农药、农膜、机械、电力、能源等工业品为代表的农业投入品，和以服装、家具、家用电器、日常用品、耐用消费品等工业品为代表的农民生活用品。农村是工业品的基本市场，随着农业现代化步伐的加快以及农民生活水平的不断提高，农村对农用工业品以及相关的生产生活资料的需求将会日益增加，这就为未来工业提供了较为广阔的市场。

4. 外汇贡献

农业的外汇贡献一般通过两种方式实现：一是直接形式，通过出口农产品为国家赚取外汇；二是间接形式，通过生产进口农产品的替代产品，达到减少外汇支出的目的，从而为国家平衡国际收支作出贡献。在一个国家国民经济发展的初级阶段，农业外汇通常发挥着极为重要的作用。这是因为此时由于工业基础薄弱、科学技术较为落后，厂家所生产出的工业品一般不具备出口创汇能力。但同时，为了加快推进国家工业化进程，又急需从发达国家购买先进的技术、机械设备和各类原材料，由此导致了外汇需求量的增加。为了缓解外汇不足的问题，在国际上具有一定比较优势的农业部门必然需要在出口创汇中发挥重要作用，通过农副产品及其加工品的出口直接为国家换取大量的外汇。可以想象，如果缺少农业的支持，大多数发展中国家的工业化进程会因此滞缓。随着社会经济的不断发展，独立、完整的工业化体系会逐步形成，此时，农业外汇的贡献份额一般会下降。究其原因，主要是工业的壮大会导致其产品出口创汇能力的不断增强，并逐步成为国民经济出口创汇的主导力量。不过，农业外汇贡献份额的下降并不意味着其外汇贡献的消失，事实上，农业出口创汇的绝对量甚至还有可能增加。

三、农业的功能

农业在国民经济发展中除了能为人们提供生活所必需的食物和纤维等多种商品之外，

同时还具有其他一些非商品产出功能，而这些功能所形成的有形或者无形价值一般不能通过市场交易和产品价格来体现。具体而言，农业所具有的非商品产出功能主要包括社会稳定功能、生态环境功能、粮食安全功能以及文化传承功能。

（一）社会稳定功能

农业问题与社会稳定之间存在着较为密切的关系，主要通过四个方面体现：其一，农业是社会稳定的基本前提。农业稳定发展可以为社会提供充足的农产品，以满足人们最为基本的日常生活需求；使人们安居乐业。其二，国家能否自立自强在很大程度上由其农业发展水平决定。如果一个国家无法保障其主要农产品（粮食）的基本自给，而主要依赖于进口，不仅会对全球农产品市场造成巨大压力，而且也难以立于世界强国之林；一旦国际局势发生变化就会受制于人，甚至国家安全也会遭受危害。其三，社会稳定在于农村，农村稳定在于农业。像我国这样农村人口比重偏高的国家，由于农业具有典型的地域分布特点，除了能为农民提供谋生手段和就业机会之外，还为他们提供了生活与社交的基本场所，从而确保了社会的稳定。其四，农业土地资源在发展中国家具有重要的社会福利保障功能。对于发展中国家而言，其社会福利保障体系尚不健全，贫困人口数量较多且绝大多数分布在农村。在这种情况下，拥有土地的农民通过农业生产活动，可以获得最为基本的生活保障，从而实现对社会保障的替代作用。

（二）生态环境功能

农业生产活动与自然生态环境密不可分，农业生产及其相关土地的利用会对生态环境产生有利或者不利的影响。良好的自然生态环境有利于动植物的生长发育，同时还可降低农业生产遭受自然灾害破坏的风险。人们如果能合理地利用自然资源进行农业生产，可以为农业自身和人类社会营造一个良好的生态环境。例如，通过农作物的光合作用吸碳增氧，利用植树造林防风固沙、防止水土流失和土地荒漠化、改善气候并减少温室气体排放，通过微生物的作用实现工业废弃物、畜禽粪便以及生活垃圾的能源化（沼气）利用，发展循环农业实现多种产品的资源化再利用，通过作物轮作和肥料施用实现生物量和养分固定量的增加等。有时，农业对自然生态环境也具有一定的负面影响，主要是由农用化学品、农田灌溉和机械耕作的过量投入所致，具体包括化学品污染、水土流失、种植系统多样性消失、土壤结构破坏、动物栖息地大量减少等。一般而言，农业对生态环境的影响呈现规模差异下的地域性特征，比如吸碳减排效应具有全球性影响，而河流污染却仅具有区域性影响。另外，以自然物种灭绝为代表的某些生态环境影响甚至还具有不可逆性。

（三）粮食安全功能

联合国粮农组织对粮食安全进行了概念界定，其含义是所有人无论在何时均有足够的经济能力获取满足自身所需的安全卫生且富有营养的食品，从而达到健康生活对食品的需要及偏好。粮食安全通常由四个要素构成，分别是充足的供给、供给的稳定性、粮食的可获取性以及食物的卫生安全、质量和偏好。一般通过三种方式实现粮食安全：一是完全依靠自己生产，即自给自足；二是完全依赖于进口；三是自我供给与对外进口有机结合。通常而言，开放贸易有助于全球农产品市场的稳定，它所产生的贸易利益能极大地提高人们的收入水平和购买能力，从而确保国家的粮食安全。该结论满足的前提是，在开放贸易政策实施之后，所有国家都为稳定世界农产品市场做出了贡献。但同时，那些严重依赖粮食进口的国家却极为担心未来国际农产品市场的演变动态。在这种情形下，一个国家的农业除了需要保障粮食供给之外，还应具备一些特定的非商品功能，比如保证足够的粮食自给水平、减少对国际市场过度依赖的担忧、增强粮食安全的保障感、确保国家宏观战略的实现等。对于那些粮食自身供给严重不足且购买力相对低下的国家和地区，农业生产还具有消除饥饿并确保家庭粮食安全的特殊功能。

（四）文化传承功能

除了具备提供产品和就业机会等传统经济功能外，农业还具有一些其他经济方面的非商品产出功能，它们与一般经济活动的区别在于其实现是否通过市场机制，虽然所涉及的具体功能较多，但以保障农村劳动力就业和经济缓冲作用最具代表性。其中，绝大多数发展中国家受到二元经济结构的存在以及国际劳动力流动的严格限制，这是导致保障农村劳动力就业成为重要农业非商品产出功能的主要原因。所谓经济缓冲作用，是指农业随着宏观经济的波动适时地释放和吸纳劳动力，该功能有助于减缓经济危机并加速经济的复苏。除了经济功能之外，农业还具有形成和保持农村独特文化和历史的功能。究其原因，主要在于农业生产活动与农村生活之间存在着较为紧密的关系，且与城市相比农村具有相对的独立性和封闭性，这些属性的存在均有助于农业特定传统文化的形成与保持，一些国家的文化和传统深深地根植于农村生活，许多传统节日也与农业密不可分，从而形成了一系列极富地方特色和乡土气息的农村文化和传统。

第二节 农业经济学

一、农业经济学研究任务与体系形成

（一）农业经济学的任务

农业经济学的任务可以用优化资源配置来概括。经济学研究的资源必须同时具有两个特征：一是具有效用，二是具有稀缺性。资源是指社会经济活动中同时具有以上两个特征的人力、物力和财力的总和。在市场经济体制下，资源总是流向经营效率更高、出价能力更强的农场。所以在市场机制的调节下，农场会主动采用先进技术，改进经营管理，进而带动资源配置效率的提高。农业优化资源配置的具体任务可以分述如下。

1. 产品层面的农业资源配置优化

特定农产品的资源配置优化，无论是在微观层面还是在宏观层面，都可以由各要素的追加产出达到边际平衡之处来表达。它们之间的差异是：

微观层面上，特定农产品的资源配置优化会受到项目投资周期、农场的资产负债状况、风险偏好等因素的影响；宏观层面上，特定农产品的资源配置优化会受到世界市场、国内经济状况、通货膨胀、经济周期波动等因素的影响。

一组农产品的资源配置优化，也是由各要素的追加产出达到边际平衡之处来表达的。它们的求解思路是一致的，但求解的复杂程度会有较大的不同，因为对应于单个产品是一个方程，而对应于一组产品是一个联立方程组。

2. 区域层面的农业资源配置优化

中国幅员辽阔，农业资源的区域差异很大。所谓区域层面的农业资源配置优化，就是适应和利用资源禀赋的区域差异，因地制宜地进行农业生产力布局，形成主导功能明晰、效益趋于均衡的区域分工体系，将各地区的资源比较优势充分发挥出来，将各地区的经济竞争优势充分培育出来。为此，要以发挥比较优势和培育竞争优势为目标取向，完善各区域的农业生产力布局；通过促进农业区域分工，提高专业化水平；通过完善市场机制，促进农业生产要素的跨区域流动。

3. 国家层面的农业资源配置优化

从农业和国民经济其他部门的关系来看，农业的状况不仅会影响国民经济其他部门，也会在很大程度上受到国民经济其他部门的影响。例如农产品价值的实现要依靠国民经济其他部门提供的市场，农业生产也要依靠国民经济其他部门提供的化肥、农药、地膜、机械、电力等生产资料。

更为重要的是，随着经济发展水平的提高，国民经济其他部门对农业部门的拉动作用是逐渐加强的，而农业对国民经济其他部门的推动作用是逐渐下降的。例如，农产品价格对国民经济其他部门产品价格的影响是趋于下降的，而国民经济其他部门的产品价格对农业部门产品价格的影响是趋于上升的。农业与国民经济其他部门之间资源流动的规模是随着商品化、市场化程度的提高而不断增大的，所以国家层面的农业资源配置优化，绝不能就农业论农业，而要采用投入产出等方法，把它同国民经济其他部门的资源配置优化有机地统一起来。

（二）农业经济学的体系形成

农业经济学的发展经历了从综合到分化，从重点关注农产品生产到重点关注农产品市场，从主张农业保护到主张农产品自由贸易，从重点关注农业微观资源配置优化到重点关注农业的宏观调控等重大变化。

第一，学科的分化不断加快，各分支学科之间的相互交叉和渗透、综合和分化都得到了增强。

第二，学科的层面不断增多，农业经济学科不断突破原来意义上的农业经济范畴，更加系统全面地研究农业经济问题。

第三，学科的视角不断拓展，越来越强调定性研究和定量研究的结合、实证研究和规范研究的结合、宏观分析和微观分析的结合。

（三）农业经济学的主要理论贡献

1. 边际收益递减理论

所谓边际收益递减理论，源于农业经济学中的土地报酬递减规律。该规律的含义是：在特定面积的土地上连续追加劳动或资本，追加产出先会高于追加投入，当追加投入超过一定界限后，追加产出将呈现下降趋势。该理论是由法国的杜尔哥和英国的安德森各自提出的。

土壤肥力会随着可持续经营而变得越来越肥沃，单位土地上的产量会随着技术进步而变得越来越高。然而，无论土壤肥力如何提高，农业技术如何改进，在同一块土地上连续追加投资，其收益总会由高于追加投入转为等于追加投入，再转为低于追加投入。

土地报酬递减规律的提出旨在说明，特定地块上的投入既不是越多（或越少）越好，产出也不是越高（或越低）越好，经济上的最优配置位于追加投入等于追加产出产生的收益之处。

2. 农业空间布局理论

人们从观察中发现，农产品结构在空间维度和时间维度上具有显著特征，由此引发了农业生产布局研究。农业生产布局模型的一般形式可以表示为：

$$\max s = \sum_{k=1}^{l} \sum_{i=1}^{m} f_{hi}(x_j)$$

$$\text{s. t.} \quad g_{hik}(x_i) = b_{hik} \tag{1-1}$$

式中，s 为总目标函数；$f(\cdot)$ 为效益函数；h 为地区下标，$h = 1, 2, \cdots, l$；i 为经营项目下标，$i = 1, 2, \cdots, m$；k 为资源种类下标，$k = 1, 2, \cdots, p$；x_j 为活动，$j = 1, 2, \cdots, n$；$g(\cdot)$ 为资源运用函数；b 为资源可得量。

式（1-1）从数学上把各区域的农业生产活动简略地勾勒了出来，从逻辑上理解这两个公式并不难。计算方法和计算机科学的发展，特别是反映区域农业生产状况且具有统计学意义的数据收集体系的完善，为求解数学结果提供了所需的工具和数据。农业部门空间规划模型研究的开展和推进，使农业经济学的应用由简单的总量核算提高到了结构分析水平。

3. 技术进步理论

技术进步对经济增长贡献的研究经历了三次飞跃。其中，以 R. Solow 创立用余值测度技术进步率的方法为代表的第二次飞跃对农业经济学影响最大。但是，M. Abramovitz 的工作更具有基础性和启发性。1956 年，他依据新古典主义总量模型和美国 1870—1953 年的统计数据得出，新古典主义所关注的劳动力（L）和资本（K）等要素增长对产出的贡献率，合起来仅占 50%，残差项的贡献率也占 50%。这是一项惊人的发现。进一步的研究表明，残差项的最主要成分是技术进步。这一发现揭示了技术进步是生产力第一要素这一重要结论，并且给出了结构分析的实证结果。Z. Griliches 的工作也非常具有可借鉴性。Z. Griliches 提出的利用面板数据（panel data）测定全要素生产率的方法，克服了生产函数理论中关于所有相关变量都包括在内、所有变量都能正确测量、所有要素价格都反映投入的边际生产率和完全竞争、规模报酬不变等假设的不足。

4. 劳动力转移理论

与前三个理论一样都是就农业论农业不同，劳动力转移理论强调农业发展需要非农部门拉动。

英国经济学家刘易斯（W. Arthur Lewis）提出的二元经济理论把发展中经济抽象为两个部门：一个是追求效用或产量最大化的传统部门，用生产函数表达就是在追加投入的边际产出为零之处；一个是追求利润最大化的现代部门，用生产函数表达就是在追加投入等于追加产出之处。

刘易斯认为，现代部门要吸引传统部门的劳动力，其工资水平一般要比后者高 30% 以上。转型期间要把工资固定住，直至剩余劳动力吸收完毕，工资相应上涨时为止，刘易斯将其称为制度工资。制度工资暗含的假设是：把工资控制住，可以最大限度地压低资本对劳动的替代；经济剩余集中在企业家手里可以最大限度地扩大再生产，从而最大限度地创造就业机会，最大限度地加快经济转型。

刘易斯相信，剩余劳动力转移是具有双赢性质的正和博弈。它既是非农产业发展的必要条件，也是农业发展的必要条件，丝毫没有不重视农业的意思。

在现实中，农业劳动力转移有两种形态：一是农业劳动力转移到与农业无关的产业部门，它是新兴产业发展的结果；一是转移到与农业有关的产业部门，它是农业生产与农产品加工、流通等活动分离的结果。农业劳动力转移是特定经济发展阶段的特定现象，一旦产业间追加劳动的追加收益达到边际平衡，劳动力结构就会趋于稳定。

二、农业经济学的研究方法

（一）研究方法概述

农业是人类社会最古老的生产活动，通过对农业生产经营过程的观察，产生了生产、消费、投入、产出、收入、支出，以及分工、合作等概念，观察陈述是对农业现象的梳理和总结。在哲理思辨形态阶段，观察陈述对整个学说仍有重大影响。到结构分析形态阶段，观察陈述仍然是整个学说的基础。总之，观察陈述对于农业经济学的发展是必不可少的，否则，哲理思辨就是无本之木、无源之水，遑论结构分析形态的再次跃迁。当然，有偏差或不当的观察陈述，和因历史变迁、陈述对象发生质变而变得不再适宜的观察陈述，会随着学说的发展而被扬弃。

在哲理思辨形态阶段，抽象陈述的方法论得到重视。学者们试图通过抽象，把暗含在众多观察陈述中的本质提炼出来。抽象陈述在很大程度上克服了观察陈述过于细碎和不断重复的不足。但是，抽象陈述本身又存在着话语表达多义性、缺乏可操作性和难以保持操作上的一致性等不足。

1. 历史方法（追溯方法）

研究农业经济问题，通常会对特定的问题和解决办法进行历史的、综合的考察和分析，总结它们发展变化的原因、影响因素和可供选择的策略。

历史方法之所以重要，是因为曾经发生或经常发生的经济史实与从来没有出现过的逻辑推论相比，具有"真"和"实"两个特征。人们有理由相信，根据这些史实弄清经济事件发生和发展所需的条件，有助于经济事件的复制。这是热衷于复制经验的研究人员对历史方法和案例研究乐此不疲的原因之一。

随着经济统计工作的不断完善，历史上出现过的经济现象被越来越多地记录下来。人们通过梳理和分析这些历史记录（或经济数据）发现，许多经济现象是经常出现的，它们的出现乃至变化是有章可循的。从概率论的角度看，一种经济现象重复出现的次数越多，之后继续出现的可能性就越大，变化也会越有章可循。这是热衷于凝练经济规律的研究人员对历史方法和计量研究乐此不疲的原因之一。

特定经济事物的发展在路径上具有一定的依赖性。根据这个假设，利用多年的经济记录（或时间序列数据）不仅可以模拟出特定经济事物的运行轨迹，而且可以对这个轨迹作适当的延伸，形成对未来的预测。这是热衷于把握未来的研究人员对历史方法和预测研究乐此不疲的原因之一。

历史方法的着眼点是弄懂历史有助于复制经验、感知规律和感知未来。它的理论基础是概率论。所做的工作是：具有确切的参数和经济模型在多大程度上能够成立，在多大的置信区间里具有稳定性。

历史方法是农业经济学研究最为基础的方法，也是极为重要的方法，但它并不是农业经济学研究的唯一方法。

2. 跟踪方法

所谓跟踪方法，是针对追溯方法而言的，与广泛收集历史记录的追溯方法不同，跟踪方法是不断地追踪现实中的农业经济运行。追溯历史有助于把握未来，跟踪现实更有助于把握未来，对隶属于应用经济学的农业经济学来说，跟踪研究可能要比追溯研究更为有效。在计算机网络、海量信息存储技术和现代通信工具没有出现之前，农业经济研究是无法采取跟踪方法的。当这些条件具备之后，跟踪方法将会变得越来越重要，我们绝不能对可采用的新方法无动于衷。探索并应用跟踪方法，正是新一代攻读农业经济的研究生大显身手的地方。农产品的品质当然有差异，但与其他产品相比，农产品的同质性是很高的。产品的同质性越高，其可追踪性就越好。这意味着农业部门是最适宜采用跟踪方法的部门，也是最容易形成跟踪方法的部门。

目前，股市上每天都有农业上市公司的海量数据，电子商务的交易规模扩张得非常快，可用于跟踪研究的信息越来越多，为采用跟踪方法研究农业经济问题提供了条件和机会。同理，利用电话和短信不断获取农户的最新信息，也为采用跟踪方法研究农业经济问题提供了条件和机会。

跟踪方法的提出，绝不是替代追溯方法，而是通过这个补充，使它们达到相得益彰的效果。

3. 逻辑方法

逻辑方法包括归纳法和演绎法。所谓归纳法，就是根据大量事实归纳出新的认识或知识；所谓演绎法，就是从已知的判断或理论推导出新的认识或知识。

逻辑方法的重要性表现在以下几个方面：第一，分析任何经济问题，都要先把影响它的内在因素和外在因素梳理清楚。要完成这项工作，必须采用逻辑方法。第二，这项工作完成之后，接踵而来的是清理历史记录（或数据）中的偏差。要完成这项工作，也需要采取逻辑方法。第三，社会科学不同于自然科学的一个显著特征，就是同一种事件重复出现的差异性表现得更为显著。要去伪存真，必须采用逻辑方法。第四，到目前为止，并非特定经济事件的方方面面都能观察清楚，形成记录（数据）。完全根据观察得到的记录进行相关性分析，是有可能出现偏差的。比如，根据观察到的桌面上的两块小磁铁的运行轨迹，可以计算出它们之间的相关性。然而，这两块小磁铁很可能没有相关性，而都与桌面下没有观察到的一块大磁铁的运行轨迹有相关性。为了避免由此造成的偏差，客观上需要采用逻辑分析方法。

逻辑方法的归纳和演绎并不完全独立于历史方法和跟踪方法。它一方面为历史方法和跟踪方法提供逻辑上的支持，另一方面在历史方法和跟踪方法的基础上抽象出具有理论价值和政策含义的结论或创新。

（二）农业经济研究的定量分析方法

研究农业经济问题时，要善于采用数量分析方法，使其所揭示的规律和原则尽可能数量化，成为更加精确的科学。

1. 两两比较方法（试验评价）

农业经济研究最初采用的是田间试验方法，通过比较对照，找到提高农业生产率的方法和途径。具体的做法是：通过以往研究的回顾、调查、交流，确定试验方案针对的问题，在此基础上抓住 1~2 个或少数几个试验因素。一般采用差异比较来确定试验因素的效应。为了确保试验的可比性，试验方案设计遵循的原则是：

（1）唯一差异原则，即只对要研究的因素设置不同的水平，其余因素均应保持相对一致，以排除其他因素的干扰。

（2）设置对照。通常以常规的农艺措施为比较基准，以确定试验效果。

（3）试验材料，写明供试土壤、供试作物和试验材料等。

（4）一致性。包括试验地块和对照地块的面积、长宽比例、重复次数及排列方法等。

（5）田间观察记载、分析测定项目及方法。

2. 统计分析方法（总体评价）

统计分析方法，是一门研究收集数据、表现数据、分析数据、解释数据，从而认识数量规律的方法论科学。统计是 20 世纪人类最伟大的发现之一。统计研究有两个特点：

（1）用数字作为语言来表述事实。

（2）用大量表达事物的现象来勾勒事物整体特征。随着电子计算机的普及和软件的开发，信息储存手段以及数据信息的成倍增长，统计分析方法已广泛应用于社会科学的各个领域，统计分析方法成为处理多维数据不可缺少的重要工具。具体方法包括图表分析、聚类分析、判别分析、主成分分析、因子分析、对应分析、相关分析和回归分析，以及 Logistic 回归分析等。

3. 计量经济方法（因素评价）

经济学在社会科学中的地位类似于物理学在自然科学中的地位。为了更好地分析无限丰富和多变的经济现象，经济学家越来越重视研究方法的科学性，越来越重实证分析，轻规范分析。随着大家的认同，观察调查、抽象假设、建立模型、得到结论、检验修正，已成为一般经济问题的通用研究程序。最基本的做法是：采用以回归分析为核心的数理统计方法对研究对象进行因果分析，在此基础上进行经济的结构分析、预测、政策评价和理论检验。

20 世纪 70 年代之后，以历史数据为基础，从历史发展中寻找规律、研究未来的方法在许多应用中失灵。为了应对挑战，计量经济学从技术层面上进行了局部改进。比如面对超小样本，采用贝叶斯统计分析方法，在样本信息之外应用非样本信息来完成定量分析。

计量分析的起点不是提出一个简单模型，而是利用可获得的所有变量以及它们的滞后项，构建一个一般的、动态的自回归分布滞后模型，然后将它逐步约化为变量与参数都很少的模型，实现从一般到简单的过程。按照这个原则，研究对象确定后，不同的研究者具有相同的起点，模型可用来验证理论，发展理论，而不再是失去公正性的廉价工具。

经济活动不仅表现为随机性，而且表现为模糊性。随机性是对因果律的否定，模糊性是对非此即彼的排中律的否定。所以，模糊数学方法的引入具有客观必然性。目前模糊评判较为成熟，其余都在发展之中。模糊数学方法主要应用于经济决策和政策评价。模糊数学方法的引入开辟了计量经济学新的领域，并有可能形成有一定应用前景的计量经济学分支。

非线性经济学的基本假设是：个体的不可叠加性，时间上的不可逆性和空间上的有限性，这些假设与新古典经济学隐含的假设是不同的。新古典经济学假定：不同个体追求自身利益最大化的行为可以简单地叠加成总体状态，经济系统的演化在时间上是可逆的，经济增长具有无限的空间。相比较而言，非线性经济学的假设更加逼近于实际。所以，非线性系统方法可能成为经济定量分析的方向，甚至有可能成为计量经济学方法的主流。

4. 实验经济方法（事前评价）

人们在很长一段时间里固守经济理论难以实验的思维定式。弗农·史密斯（Vernon Smith）教授敏锐地觉察到实验经济理论的作用，并首次付之于实践。

计算机的广泛运用使得复杂经济现象的实验成为可能。实验经济方法以仿真方法创造一种与实际经济相似的实验室环境，通过不断改变实验参数，对得到的实验数据进行分析加工，用以检验已有经济理论及其假设，为决策提供理论分析。

经济实验要模拟出不同人类行为存在的环境，以便于实验者能够在这样的环境中观察人们不确定的价值观及其与环境之间的相互作用。被实验者的选取、角色的分配均随机产生，避免主观性；保密实验意图，防止被实验者在实验前对行为对错已有判断；使用"价值诱导理论"，诱导被实验者发挥被指定角色的特性，使其个人先天的特性尽可能与实验无关。为了避免变量之间的混合作用，实验中应独立地变动每个自变量，获得每个自变量对因变量作用的数据。人不会始终处于理性状态，处于非理性状态时人的行为会出现变异，因而经济实验的数据呈概率分布状态，用结论与其概率密度的乘积来表示。针对行为人对重复行为有厌烦的心理，实验中不仅要运用价值诱导方法，而且要把实验时间控制在3 个小时内。

实验经济方法是经济学方法论上的重大变革。首先，以有学习能力的行为人取代"理性人"假说，用数理统计方法取代数学推导方法；其次，通过再造实验和反复验证，克服以往经验检验的不可重复性；最后，通过控制实验变量和实验条件，排除非关键因素对实验的影响，克服以往经验检验被动性的缺陷。虽然实验室建立的经济与现实经济相比可能特别简单，但有可能一样真实。

（三）农业经济研究的主要模型

1. 生产函数模型

生产函数是农业经济分析的基础。农业生产函数的最初数学表达形式是德国土壤化学家 J. von. Liebig（1803—1873 年）于 1840 年首次提出来的。Liebig 建立了用于解释农作物产量与土壤中各种矿物质营养元素之间关系的数学表达式：

$$y = F(x_j) \tag{1-2}$$

式中，y 为农作物产量；$F(\cdot)$ 为产量函数；x_j 为营养元素，$j = 1$，2，$\cdots$，m。

Liebig 提出的产量函数，使因素分析具有了数学形式。它为农业经济学进入结构分析阶段奠定了基础。根据公式（1-2），可以得出微观水平上的核算公式。

$$\pi = p_y F(x_j) - \sum_{j=1}^{m} P_{x_j} x_j \tag{1-3}$$

式中，π 为净收益；p_y 为产品价格；$F(\cdot)$ 为产量函数；x_j 为生产因子，$j = 1$，2，$\cdots$，m；P_{x_j} 为因子价格，$j = 1$，2，$\cdots$，m。

式（1-2）和式（1-3）中的 $F(\cdot)$ 均为产量函数，但式（1-2）中的 x_j 的取值范围为土壤化学家所关注的营养元素，式（1-3）中的 x_j（$j = 1$，2，$\cdots$，m）为经济学家所关注的市场条件下的生产因子。这一转换，使农业经济分析由土壤营养技术层次跃迁到生产技术层次。

由式（1-3）的一阶条件得出：

$$\frac{\partial F}{\partial x_j} = \frac{P_{x_j}}{P_y} \quad j = 1，2，\cdots，m \tag{1-4}$$

公式（1-4）的左端为技术的边际效率；右端为市场的边际效率或市场分配效率。所以公式（1-4）表明，生产者行为最优化目标的实质是效率平衡。

由式（1-2）至式（1-4）可以看出，农业经济学的结构分析是沿着自然-社会-行为-效率的逻辑逐步展开的。起点是 Liebig 的生产函数。经过不断的改进，生产函数成了农业经济学的理论核心。

2. 投入产出模型

投入产出模型是通过编制投入产出表，运用线性代数工具建立数学模型。最常用的是静态投入产出模型。其中，投入是指从事经济活动的消耗，产出是指从事经济活动的结果。按计量单位不同，该模型可分为价值型和实物型。

投入产出法来源于一个经济系统各部门生产和消耗的实际统计资料。它同时描述了当时各部门之间的投入与产出协调关系，反映了产品供应与需求的平衡关系，因而在实际中有广泛应用。一种做法是先规定各部门计划期的总产量，然后计算出各部门的最终需求；另一种做法是确定计划期各部门的最终需求，然后再计算出各部门的总产出。后一种做法符合以社会需求决定社会产品的原则，是一种较合理的做法。

按行建立的分配方程或产出方程组模型。各行组成一个方程，反映各部门生产的总产品的分配使用情况，平衡关系是：中间产品+最终产品 = 总产品。按列建立的生产方程组或投入方程组模型。各列组成一个方程，反映总产品价值的形成过程，平衡关系是：物质消耗转移价值+新创造价值=总产值。

投入产出系数是进行投入产出分析的重要工具。包括直接消耗系数、完全消耗系数、感应度系数、影响力系数和各种诱发系数。最基本的是直接消耗系数和完全消耗系数。其中，直接消耗系数是指第 j 产品部门生产单位产品所直接消耗的第 i 产品部门货物或服务的价值量，将各产品部门的直接消耗系数用表的形式表现出来，就是直接消耗系数矩阵。完全消耗系数是指第 j 产品部门每提供一个单位产品对第 i 产品部门货物或服务的直接消耗和间接消耗之和。将各产品部门的完全消耗系数用表的形式表现出来，就是完全消耗系数矩阵。完全消耗系数，反映了部门之间直接的技术经济联系和间接的技术经济联系，并通过线性关系，将各部门的总产出与最终使用联系在一起。

3. 可计算的一般均衡模型

从数学分析方法的承继关系来看，CGE 模型是投入-产出模型的拓展。投入产出模型强调的是产业的投入产出联系或关联效应，而 CGE 模型则在整个经济约束范围内建立了各经济部门之间的数量联系，为考察经济某部分扰动对其他部分的影响提供了条件。可计算的一般均衡模型作为政策分析的有力工具，经过 30 多年的发展，已得到了广泛的应用。

CGE 模型具有以下独特的优点：第一，能够描述各微观主体的经济行为；第二，具有相当大的伸缩性和适应性；第三，可以灵活地设定各种结构性约束，且所得到的解足以反映经济变化的状况。

近年来，一些大型软件，如一般代数模型系统（the General Algebraic Modeling System, GAMS）的开发促成了多部门 CGE 模型的应用，使之以详细的模型设置更好地模拟现实经济。可以预料，CGE 模型将会有更为广阔的用武之地。

20 世纪 70 年代以来，农业经济学越来越重视对时滞理论和期望理论的研究和应用。这是适应经济滞胀局面的出现而提出的新的课题。风险和不确定性已经成为客观过程中不可回避的事情。

20 世纪 80 年代以后，农业经济研究越来越重视不确定性问题，导致所用数学在确定性泛函分析的基础上，指向随机分析和随机控制的方向。将随机分析和随机控制引入农业经济研究是非常重要的。经验表明，农业经济是在大量随机因素的基础上运行的，农业经济的决策目标总是在随机变动的过程中，经过不断地调整才能近似实现。随机分析和随机控制可以更加精确地描述经济运行的完整性，更加完美地解释经济当事人的合理选择过程。这项研究的重要性还远不止于此，实验结果表明，人类在实际选择的过程中，往往偏离甚至根本违反一些公理所指明的情况。有效的随机分析和随机控制试验，有可能验明偏离合理性的诸项要求的性质，可以得出这些要求的分布概率。这对发展有限合理性和程序合理性的理论会有重要作用。

农业是以植物、动物和微生物等生物有机体为劳动对象，通过人工栽培和饲养，取得人们需要的产品的物质生产部门或生产活动。

农业经济学主要研究农业发展过程中各种经济变量之间的关系。其任务是通过揭示经济变量之间的数量关系，帮助生产者、消费者或政府部门进行经济决策或制定政策。

农业经济学作为经济学的一个分支，它的发展在很大程度上依赖于经济学的发展；农业经济学作为最早出现的部门经济学，它的发展对经济学的发展做出了重大贡献。

农业经济学的发展经历了经验推演形态、哲理思辨形态和结构分析形态三个阶段。在经验推演形态阶段，整个学说几乎都是由观察陈述组成的。在哲理思辨形态阶段，抽象陈述的方法论得到重视。所谓公理陈述，就是采用数学方法的陈述。其优点是话语表达具有唯一性、可操作性和操作上的一致性，有效地解决了诸多抽象陈述因为见解不同而争论不休的问题。

农业经济学的研究是从估测生产函数开始的。生产函数的提出为农业经济学的发展奠定了基础。经营函数是生产函数与成本函数的统一。对它进行演绎分析，揭示边际效率规律，从而使农业经济学能够自成体系。20 世纪 70 年代以来，农业经济学越来越重视对时滞理论和期望理论的研究和应用。农业经济是在大量随机因素的基础上运行的。农业经济的决策目标总是在随机变动的过程中，经过不断地调整才能近似实现。20 世纪 80 年代以后，农业经济研究越来越重视不确定性问题。

第二章　现代农业的微观经济组织

第一节　现代农业的产权结构

所谓产权结构，指的是各个类型的产权所组成的产权框架及其比例。其中，产权类型的划分是根据财产的所有权和使用权归属来进行划分的，这里所有权和使用权归属相比，所有权归属占据核心内容位置。

一、产权与产权结构

（一）产权

要了解产权的含义，就必须先搞懂财产主体与财产的含义。

财产主体指的是生产要素所有者和使用者，财产指的是生产要素以及所产生出来的效益，而产权则是财产主体对于财产的一种权利，其实质反映了人们在经济活动过程中围绕着财产而形成的一系列经济权利关系。具体来讲，包括对于财产的所有权、使用权、处置权以及收益的分配权。

1. 财产的所有权

财产的所有权，指的是对于财产来说，拥有独自占有的支配权利。所有权主体可以有权去使用与处置财产，并且当财产在使用的过程中产生经济效益时，所有权主体也有权去享受拥有这些积极效益。但与此同时，在享有权力的同时，也必须去履行与权力相对等的责任与义务。

2. 财产的使用权

财产的使用权指对于财产可以进行占有与使用的权利。在日常生活中，经常会出现诸如财产所有权与使用权分离开来的情况。如果财产没有独立的使用权的话，那么财产的使用者就无法树立起独立经营的地位。财产使用者在拥有某些财产的使用权之后，也就相应地拥有了对于财产的收益权和处置权。于是财产的收益权和处置权也就相应地在财产的所有者和使用者之间分割开来。财产的使用者不仅仅需要对财产所有者承担相应的责任与义务，而且对于整个社会，也需要去承担相应的责任与义务，也就是说，获得财产使用权的人其实就是一个民事法律主体。而且，财产使用者也必须严格遵守相关法律或契约规定，让出自己的一部分权利给财产所有者，并且对财产所有者去履行一定的责任和义务。

3. 财产的收益权

财产的收益权则是指财产在进行一系列经济活动中，当财产产生收益时，财产所有者和使用者拥有可以对这些收益进行分割的权利。通常情况下，财产在使用过程中，会产生收益，而恰恰因为财产能够产生收益，所以古往今来，成为人们相互争夺的对象。无论是对于财产所有者来说，还是对于财产经营者来说，都拥有权力去获得财产产生的收益。所以，财产的收益权是一种连带产权权能，并和财产使用者以及使用权密切地联系起来的，其附属于财产所有权和使用权。

4. 财产的处置权

当财产在自己手里，我们可以对其进行处置，比如更新、转移、重组等其他行为。而财产的处置权，指的就是可以对财产进行这些处置的权利。同收益权一样的道理，财产处置权也是一种连带产权。在各大经济活动中，经常要用到对于财产的处置权。究其原因是在市场经济条件下，财产不会平白无故地就产生收益，一般要通过市场，在市场中进行商品交换才能够形成财产收益，而且世界风云变幻，市场需求和供给结构也不断变化，机器、设备、技术等也就面临着需要更新、转移、重组，所以相应地也对财产提出了处置的问题。对于财产的处置权来说，只有所有者和使用者才能够掌握、拥有它。

综上所述，我们能够看出，财产权被赋予四种权能，分别是所有权、使用权、收益权和处置权。在这四种权利中，所有权和使用权是财产的主要权能；收益权和处置权则是财产的次要权能，它们是一种连带产权权能，也都附属于所有权和使用权。

（二）产权结构

正如前文所述，产权结构是根据财产的所有权和使用权归属划分开来的。目前，我国现代农业中的产权结构，根据所有权进行划分，主要有以下几方面的内容。

1. 国有产权

国有产权指的是生产资料归国家所拥有的一种产权类型，在社会主义公有制经济中占据重要位置，是社会主义公有制经济的重要组成部分。在我国农业中，国有产权主要是由四种形式构成，分别是：直接从事农业生产领域的国有农场、国有林场、国有牧场、国有渔场等；在某一个方面为农业服务的各个类型的农业企业和农业事业单位，其中国有农场是最重要的内容以及形式。国有农场的土地、资产归国家所有。一般说来，国有农场规模比较大，也有着丰富的资源，科技装备水平也比较高，劳动生产率和商品率也是非常高的。自从 20 世纪 80 年代以来，国家大力针对国有农场的财务制度、人事制度和分配制度等，着手进行了很多改革，有效地推动了农场经济的全面快速发展。

2. 集体产权

集体产权则指的是生产资料归集体所拥有的一种产权类型，也是社会主义公有制经济的组成部分。对于我国农村的集体产权来说，主要包含以下部分：社区性（村级）合作经济、专业性合作经济、乡镇集体企业经济。

3. 个体产权

个体产权则指的是生产资料要归个人所拥有，其中，基于个体劳动，产生的劳动成果归功于劳动个人，从而劳动者个人可以去享有、支配的一种产权类型。在我国农村，依然实行的是由农户家庭来承包经营的制度，其中在农业中，个体产权形式主要由三种类型构成：其一是承包经营土地等其他生产资料而产生的农户承包经济，这也是农业个体产权中最主要的类型；其二是农户可以有效地利用自己手里的资本、劳动力去从事诸如家庭家畜养殖、农副产品加工，以及商业等其他经营活动；其三是曾经归属于国有农场，现在从国有农场里分离出来的"职工家庭农场"。

4. 私营产权

私营产权则指的是生产资料要归私人所拥有，基于雇佣劳动的一种产权类型。在从事农业生产中，我国农业中的私营产权形式主要针对的是一些个体农户承包大范围的土地、水面，特别是一些大面积的荒山、荒岭、荒坡、荒滩、荒水，从事农业生产经营活动。因为生产范围很大，规模很大，所以往往需要大量的劳动力去从事、经营农业生产活动。

5. 联营产权

联营产权里的"联"，指的是不同种类的所有制性质的经济主体之间一起投资，从而形成经济实体的一种产权类型。如今，在现代的农业生产过程中，联营产权主要是通过采用公司制的组织形式，包含诸如股份有限公司、有限责任公司等形式。

6. 其他产权

其他产权，顾名思义，则是指不属于以上任何类型的其他产权类型，我们见到的中外合资（合作）产权就是属于其他产权。

二、现代农业产权结构的基本特征

随着科学技术的迅猛发展，我国的现代农业生产力也在以极快的速度发展着。现代农业产权结构较之以往发生了很大的变化。与那些传统农业阶段相比较，现代农业产权结构主要有以下几个基本特征。

（一）农业产权主体多元化

在现代农业生产中，从事生产资料的所有者以及使用者都归属于产权主体。对于生产资料所有者来说，国有、集体所有、私有、联合所有等多种多样的形式并存。从生产资料使用者这个层面上来说，则包含自我经营者、向所有者租赁或者采取承包经营管理的独立法人、附属于所有者的组织或者个人。现代农业产权主体多元化，对于产权关系的调整、重新组合和灵活运转环节很有帮助。

（二）农业产权关系明晰化

从事现代农业生产中，所有者与使用者之间，常常采取承包或租赁合同等其他形式，明确其责任、权力、利益之间的关系。在多个所有者中，不同的经济实体之间有着明确划分的财产边界。其实，即便是在集体或者联合体内部，各个不同的所有者之间也要凭借不同形式的财产所有权凭证，比如地产证、股权证、股票等凭证，明确划分其财产边界，这样做当然是有好处的。农业产权关系明晰化，可以有效地推动生产资料的合理使用，同时也可以促进财产的合理处置以及经营成果的有效分配。

（三）农业收益权实现多样化

在进行传统农业生产中，土地等生产资料的所有权，是享受拥有收益权的主要凭据。但是，在现代农业生产中，因为生产资料所有权与使用权是分离开的，所有权可以享受拥有收益权，使用权在参与收益分配环节，也成了其重要的凭据。与此同时，在进行农业生产经营过程中，会依据劳动、资本、技术和管理等各个要素发挥出来的作用，而享受拥有相应份额的收益权。农业收益权实现样式的多样化也成了构建现代农业运行机制的重要基础和客观凭据。

（四）农业产权交易市场化

在农业生产经营过程中，现代农业生产资料，无论是进行所有权的让出，抑或是使用权的流转，都可以在产权市场下进行相互交易。在产权市场下，凭着公开、公平、公正的交易原则，不但能够保证交易主体享有正当的权益，而且也能够有力地促进农业生产资源的合理配置和有效利用。

第二节 现代农业的家庭经营

所谓农业家庭经营指的是以农民家庭作为一个相对独立的农业生产、经营单位，以家庭劳动力为主去从事的农业生产与经营活动，所以又称为农户经营或者是家庭农场经营。现代农业的家庭经营主体是农民家庭，主要采取的是家长制或户主制管理，像管理分层的内部治理这种情况是不存在的。它有力地强调通过使用家庭劳动力为主要方式，而不是采取雇工经营为主要方式进行农业生产与经营。

一、家庭经营作为农业主要经营形式的理论分析

农业经营方式有很多种，在众多的经营方式中，采取家庭经营作为农业主要经营形式，如果进行理论分析的话，可以从以下几个方面进行阐述。

（一）农业的产业特点与农业家庭经营

在从事农业生产中，有生命力的动植物要有效地吸收阳光、空气、水分等养分才能生产出相应的动植物产品来。在这个过程当中，生物对于环境具有主动选择性，这一点与非生命动植物对于环境表现出来的机械式、被动式的反应不一样。机械式的、被动式的反应取决于外部环境提供的物质和能量，但是生物体表现出的反应则是受生物体内部的功能状况所决定的，并且自身就可以进行调控。随着我国科技的迅猛发展，人类既能够改变生物内部的构造，也有办法去改变生物所需要的外部环境。但是，无论时代如何变迁，人类都无法否定生命本身运动的特性，也没有办法去完全地更改生物所需要的外部环境，从而造成了农业生产有着以下两个特点：

第一，农产品的生长是一个连续不断的过程，各个环节之间有先后性，不会像生产工业产品那样有着并列性。因为，在工业生产过程中，生产出的产品没有生命，从投入材料到产品成型，人们都可以按照自己的意志去设计，程序可以变更，作业可以交叉进行，可以在多条流水线同时完成作业。而且劳动工具和劳动对象也能够集中在一起，能够在一个单位时间把更多的劳动力和生产资料集合在一起，从而生产出大量产品，进一步提高生产效率。但是，农业生产就不一样了，因为各种作物都有着自己的季节性和周期性，生长的每一个阶段，都有着严格的间隔和时限区别，所以生物的生长只能由一个阶段通往另一个阶段，连续不断地进行。

第二，从事农业生产活动中，农业有着严格不同的季节性和地域性，在生产时间与劳

动时间上会出现错综复杂、不一致的情况，所以农业劳动支出也不具备平衡性。"橘生淮南则为橘，生于淮北则为枳"，各个农产品生产必须坚持因地制宜，不可按照个人的意愿随意更改生产地点。

近年来，我国的农业科技也在大力发展。其一，大规模地使用机器，更为先进的生产方式也逐渐引入农业中来，看起来农业生产也逐渐向工业靠拢，但事实却不是这样。虽然机器的使用使农业的生产效率更高，人们只需要很短的时间就可以完成农业生产环节，但是所有农业机器的使用都无法直接加速动植物的生长过程，更没有办法去改变其生长顺序。其二，各种新型化肥应运而生，进而有效地拓宽、延伸了农业利用自然力的空间，但即使这样，也无法改变生物的生长过程。其三，生物科学技术也迅速地发展起来，各种新型生物品种也被及时有效地研发出来，能够去改变生物发育的性能，但是这也同样需要去遵循生命生长过程的各个规律。虽然我国农业科技在大力地发展着，但是它们都无法去更改农业生产的基本特性。

所以，农业劳动应该采取怎样的组织形式，这成为一个有争议的问题。采用雇佣劳动、集体劳动这样的组织形式会更容易在短时间内实现规模效率。但是，还需要考虑到内部激励和监督问题，因为一个组织如果缺乏了内部激励和监督，劳动成员会缺乏前进的动力，整个组织也会成为一盘散沙。解决激励问题，首先需要去明确计量劳动者劳动的质与量，并与后来的报酬联系在一起。但是在农业生产过程中，地域辽阔，自然条件各异，也鲜有中间产品，所以劳动成果常常体现在最终产品上。这就意味着在农业劳动中，每一个劳动者在每时每刻、每个地方的劳动支出，对于最终产品的有效作用程度都很难计量出来。所以，也只有将每一项劳动都与最终的劳动成果直接联系在一起，劳动者的生产积极性才能被充分激发出来，而这却只能在家庭经营的环境下，才能更好地做到。在从事农业生产中，由于农业自然环境的复杂多样性，人类难以对其进行完全控制，也就要求农业的经营管理方法具备灵活性、及时性和具体性。至于生产决策、经营决策都要有效地做到因时、因地、因条件制宜，从而实现准、快、活。若要实现这些目的，就必须将农业生产经营管理中的决策权分给直接劳动生产者，也就是将劳动者和经营管理者结合在一起，进而取得更好的效益。从某种方面来说，无论是农业劳动，还是经营管理，它们都有着较强的分散性，取得的成果也有很大不同。农民所取得的劳动成果，在很大程度上要取决于各个农民在生产经营环节进行合理有效的安排，也取决于全程细心地作业和管理，更取决于对市场的准确预测。这些特点也都决定了家庭经营是从事农业生产中一种比较合适的组织形式。

当然，人们也会考虑到通过劳动力市场，让有潜在能力的劳动者与在职的劳动者形成竞争，解雇不合格的劳动者，让有潜力的劳动者来替代不合格、旧的劳动者，从而在农业雇佣劳动中能够更好地激励员工。但是，正如前文所述，计量和监督劳动是一个长久存在的根本难题，所以即使新的劳动者取代了那些旧有的劳动者之后，仍然会涌现出类似问题。

（二）分工协作与农业家庭经营

工业的发展经历了很多过程，从简单协作到分工协作，然后再到机械化生产。所谓协作，指的是很多人在同样的生产过程中，抑或是虽然在不同的但是却有着互相联系的生产过程中，有组织、有计划地一起协同劳动。如果是劳动者之间没有固定分工的话，那么这样的协作就叫作简单协作；如果是劳动者之间存在比较固定的分工，那么这样的协作就叫作分工协作。分工协作有很多好处，能够使劳动者不断地积累经验，进一步改进劳动技能，从而有效地降低劳动强度；分工协作也可以促进生产工具的有效利用，从而进一步提高劳动生产率；分工协作也能够使劳动更加具有组织性，如连续性、划一性、规划性以及秩序性等。所以，工业中的分工协作有着种种好处，但是农业中的分工协作却并非如此，它并不是像在工业中那样快速发展，究其原因是这些是由农业生产自身所具有的性质所决定、限制的。

在工业的分工协作中，不同专长的劳动者汇聚在一起生产一种产品。在工业协作中，如果要生产一辆马车，需要用到车匠、锁匠、漆匠、描金匠来一起劳作，这些工匠们齐心协力完成一辆马车，从而有效地提高劳动生产率。可是，农业生产中却不是这样的，各个农业生产对象都有着自己的生长发育规律，从而也就决定了农业生产过程中分工协作不可能是复杂的。农作物生长有着特定的季节性、周期性、时间有序性，受到这些因素的影响，农业生产只能遵循自然界固有的时间，也就是在季节的限制约束下，依次进行各种作业。农业生产一般是在土地上进行的，不适合移动，不能像进行工业生产那样，汇集大量的生产条件，通过各种各样和大量作业同步进行生产产品。在农业生产过程中，同样一个时期的作业其生产过程比较单一，即使是不在同一个时期的作业，也能够通过同一劳动者连续完成。

在农业的分工协作中，把各有专长的劳动者汇集在一起，去生产同样的产品，所以农业的分工协作常常是简单协作。简单协作是在很多人同时间完成同一个无法分割的操作时，其效果是远远优于个人独立性劳动的，比如常见到的播种、抢收、抗灾以及修建水利设施等生产活动，通过分工协作，可以极大地缩短时间，不耽误农时，有效地提高丰收产量。但是如果超过这样的范围，效果却不理想，至多也不过是单个劳动者们力量的直接、机械式的总和。如果管理水平不高的话，效果还不及单个劳动者力量的总和。究其原因是这样不仅会加大监督成本，也很有可能会产生偷工减料行为，还有可能会造成窝工浪费的现象。所以，在具体实践中，农业中的分工协作，一定要具体分析，具体对待，不能不加分析地将工业中的协作方式生搬硬套到农业中。因为农业生产过程中的大部分作业不是像工业那样采取严格的条框限制，即使对于某些简单的协作也不能够产生非常明显的效果，所以农业生产过程中，不适合采取工厂化劳动，但是对于家庭经营的方式，却非常适合。

（三）农业技术进步与农业家庭经营

在农业生产过程中，一般来讲，所采取的农业技术分为两大类：其一为机械技术类，包括各种各样的机械设备，能够使得生产过程更加机械化、自动化。其实，农业机械技术的本质在于用一部分物力去取代人和家畜的力量，有效地增大了每一个劳动者所生产和经营的范围以及数量，从而在提高劳动生产率的基础之上，来增加经济效益。其二是生物、化学技术，主要包括种子、化肥、生长饲料、农药、生长激素等，这一类的技术本质在于直接改变生物本身，可以为动植物的有效生长提供良好的环境，在提高土地、农作物、动物的生产率的基础之上来增加经济效益。如果从研究和推广的角度进行分析的话，我们会很容易地发现，农业技术和工业技术是一样的，是在很多工作者一起协作的基础之上完成任务的。但是，两者所需的条件却是不同的。

1. 大多数农业技术的运用能够由单个人完成

一般来讲，农业生物、化学技术能够由单个人来完成，即使像大多数的农业机械也依然能够由个人来操作。但是，工业技术却并非完全是这样，因为众多的机械设备需要多个个体或者是很多人齐心协力进行操作，否则就不能正常操作。农业机械能够由单个人操作来完成任务，究其主要原因是农业机械技术的极大进步。农业机械越来越小型化，可以很好地提高社会劳动生产率，而且个体完全用得起。农业越来越机械化与农业生产本身的性质有着紧密的联系。农业机械不管如何变化，都要遵循生物生长的需要，尤其是对于种植业机械，作业不仅要遵循生物的生长规律，而且也需要在辽阔的田地里分散流动作业，可以穿行在作物之上。这些特点都决定了农业机械不会像工业机械一样去形成大型化的生产线，在从事农业生产中，也只有小型化的农业设备更方便，更有利于使用，更深受农户们的喜爱。

2. 不同类型的农业技术关联性较小

如今，在从事农业生产中，地广人稀的国家会优先择取农业机械化技术，通过增大耕地范围，有效地实现农业总产量的增加；针对那些人多地少的国家，则会优先采取生物和化学技术，有效提高单产的同时，也进一步实现了农业总产量的增加。即使农业机械技术、生物和化学技术都对同一个植物产生作用，但是它们却不一定会同一时间进行使用。

即使是对于农业机械技术来说，也有着比较小的关联性。在进行农业生产过程当中，可以采取在某一个作业流程里运用农业机械，在另外一个作业流程里不去采用农业设备。比如，在进行播种、收割和运输这些环节时，可以使用农业机械，在除草、施肥环节里可以不去使用农业设备。也就使得农业生物与化学技术运用彼此之间的关联性比较小，所以，不同类型的农业技术关联性也比较小。

3. 许多农业技术的运用可以不受家庭经营规模的限制

虽然某些农业技术应用中，会有一些最低的作业规模要求，但是采取社会化服务体系能够攻克单个家庭经营规模的种种限制。也可以采取合作社或者专业公司凭借社会化服务，去完成一些农业技术应用的外部规模化经营、管理。比如说，农户们可以一起共买，或者一起共有，或者一起使用合作社或专业公司所销售、经营的大型播种机、大型收割机、大型种子机械，当然农民家庭也可以自我创新，去促进农业机械技术的不断进步。对于生物、化学技术来说，由于它们含有很强的可分性，一般不会受到农场经营规模的约束。

（四）家庭的社会经济特性与农业家庭经营

在从事农业生产的过程中，家庭成员之间在利益目标上，有着强烈的共鸣，从而大大地把农业家庭经营的管理成本降到最小化。也可以采取多种多样的激励措施，因为家庭并非是单纯的经济组织，也并非是纯粹的文化或者政治组织，去支撑整个家庭的存在，也绝不仅仅受限于经济利益这根纽带，而是有着诸如血缘、感情、心理、伦理和文化等众多的超经济的纽带。这根纽带在很多方面都会促使成员间有着强烈的整体目标和利益认同，也很自然地把其他家庭成员的要求、利益以及价值取向，内化为自己本身的要求、利益与价值取向。所以，在家庭中，不需要去依赖经济利益的驱动，就很容易保持自身的目标和利益与其他家庭成员的一致性。因为家庭里弥足珍贵的婚姻、血缘关系，能够使得家庭经营组织具有比较持续、长久的稳定性，上一辈对于下一辈各个方面的寄托所形成的继承机制，一般而言，能够使得家庭经营预期时间长，并能够为完成这种预期自发、自愿地进行协作。相比较于其他的经济组织，农业家庭经营有着与众不同的激励规则，使得家庭成员之间挥洒汗水，努力工作，不需要去精心计算劳动产量，也不需要用报酬去激励家庭成员。所以，一般情况下，农业的家庭经营不需要外在的监督，就可以自发地努力工作，使其具有很少的管理成本。

由于每个家庭成员有着性别、年龄、体质、技能等各方面的差别，也有利于实行分工协作的方式，从而有效地利用劳动力，当然也可以有效地实行家庭经营组织方式，进行家庭劳动者和其他劳动者之间的合理分工，无论是在时间上，还是在劳动力的充分利用方面，都能发挥出很好的水平。在以前的传统社会里讲究"男耕女织"，这个生产方式使得一个大家庭浓缩成了一个"小而全"的生产单位，在现代化农业生产中，这种分工协作的方式仍然存在着。在进行劳动安排时，闲暇时可以一人为主，忙碌时全家一起上阵，必要情况下，还可以雇佣一些人员。在农闲的时候，除了安排照顾的人员之外，其他家庭成员可以外出兼职工作，从而使得劳动时间被分割得十分细密。在琐碎的农业活动中，一些闲暇的、辅助性的劳动力也能够得到有效的利用。这在严格细密划分的企业组织机构里，一般很难做到，但是家庭的自然分工却能够很容易地做到，并满足农户的各种需求。

二、中国农业家庭承包经营

农业家庭承包经营，是在坚持土地等生产资料属于集体所有的前提之下，将土地承包给个体农户，从而有效地确立了家庭经营的主体性地位，与此同时也赋予农户拥有充分的生产经营自主权力。农户采取承包这样的方式，去承包集体的土地，所获得的是对集体土地的使用权，也就是我们说的土地承包经营权。在进行土地承包经营时，农民针对所承包的土地，也就有了充分的经营自主权和收益权，农户们可以根据市场供应需求关系，选择那些效益比较好的农作物进行种植，也就有效地打破了过去那种传统的统一计划的经营模式。采取农业家庭承包经营方式，可以大大地激发农民的生产积极性，也有力地提高了中国的农业生产，同时农民的生活水平也得到了很大的改善。

农业家庭承包经营制度是一项非常重要的制度，是中国进行的一次伟大创举，该创举不仅大大地增加了农业的产量，使得农业出现了"黄金时期"，而且在如此短的时间里，上亿人口的生存、温饱问题得到了有力地解决。所以，农业家庭承包经营给农民带来收益的同时，也展现出显著的绩效。可是，要准确地测算农业家庭承包经营制度到底产生多少效益是十分困难的。因为农业家庭承包经营制度在具体实施过程中要受到很多其他制度的影响，而且我国科技水平的不断进步也发挥了很大的作用，要将科技水平不断进步的贡献与农业家庭承包经营制度的贡献分开也是十分困难的。具体来说，中国农业在实行家庭承包经营制度时，所取得的成效主要有以下两点：

（一）激励功能增强

在实行家庭承包经营制度时，农户拥有独立的产权主体和利益主体，在达到所规定的承包任务或者在遵循国家所颁布的相关法律法规的情况下，拥有全部的剩余索取权以及相应的处置权，因为法律法规也规定农户可以允许拥有除土地之外的资产的私有产权，所以大大地增加了产权的排他性。退一步讲，即使是存在家庭内部成员之间的"搭便车"问题，因为这里成员规模极大地减少，也就极大地增强了激励功能。最后的结果便是，在家庭责任制对劳动者有着最高的激励效果，这不仅仅是由于他努力的付出都得到了应有的回报，而且也极大地降低了监督的费用。相比较生产队制度，家庭承包制是一次重大的创新，究其原因是大大地节约了"评工记分、统一分配"所需要的费用，而且从某种程度上来说，也有效地避免了由于劳动努力程度降低所导致的各种产出损失以及对于集体资产滥用、浪费的情况的发生。

（二）资源配置效率的提高

在农业家庭承包经营制度下，农民不仅获得了比较独立的经营自主权，而且使得农业资源的配置效率大大地提高，生产可能性边界向外转移。农民可以立足于自己的利益，根据相对价格信号来及时有效地调整资源配置，从而达到收益的最大化，但是在之前的人民公社时期，由于各种资源配置是由生产队长、大队长甚至公社书记做出的，也因为这种决策无法把责任与利益建立直接的对等关系，所以资源配置效率十分低下。

三、农业家庭承包经营的障碍

虽然家庭承包经营已经以法律的形式确定并实行，且取得了很大的成效，也给农民的生活水平带来了很大的提高，但是家庭承包经营过程并非是一帆风顺的。虽然我国的经济在突飞猛进地发展着，但是家庭承包经营仍会不可避免地要遇到形形色色的障碍，总结下来，主要表现在以下几个方面。

（一）产权障碍

农业家庭承包经营制度开展了很久，但有很多人并未对其实质有清晰的了解。其实，该制度的实质不过是将集体土地的所有权与另一种权利——使用权分离出来，另外集体土地的所有权并不做出改变，同时农民也能够得到土地的使用权，这归根结底是因为中国的农业已经在风风雨雨中赢得了一系列傲人成绩的缘故。既然农民已经拥有土地的使用权，那么也一定可以卓有成效地根据市场供求情况以及所管辖的土地的实际情况，具体分析，来安排农业生产，这些在理论上完全不构成任何问题，但是事实却远非如此。因为长期以来，人们仍然会不可避免地容易受到传统计划经济思想的约束，乡村干部依然会受到物欲横流的社会中经济以及政绩的诱惑与驱动。同时，又因为广大人民群众法律法规观念不强，甚至是法盲，所以经常会导致不利于农民的事情发生。比如农民的经营自主权无法得到保障，容易受到外界各种力量的冒犯。在某些乡村地方，也常常会发生农民的使用权不能得到保障，所以农民无论是在经营自主权还是在使用权方面都存在诸多不稳定的情况。

甚至在农业生产与投资领域里，也会产生经营时间短，以及相互掠夺的情况。

（二）规模障碍

中国在实行家庭承包经营制度的过程中，也遇到过规模障碍的问题。该制度本应该在秉承公平优先、兼顾效率的原则之下顺利进行，并确保每个耕耘者都有田地可分配，至于承包到多少土地是要综合考虑劳动力多少的问题，也要考虑到人口劳动力分配的比例，使得分配的土地都是公平的。很显然，这里存在很多的生活保障色彩，于是不可避免地出现了一个大问题：每一个农户所具体承包到的土地大小不一，尤其是面积小的占大多数，而且块数也十分多，这种情况十分不利于农户进行农业生产和经营。随着我国经济突飞猛进的发展，很多发达地区劳动力过剩，不再从事农业生产，纷纷进入到二、三产业里，已经具备了去实行规模经营这样的条件，但是由于存在着种种因素的制约，诸如法律法规欠完善、土地市场情况不容乐观，农村社会保障制度急需大力改进、完善等，导致中国要实现公平、稳定、块数既大又多的农业经营规模，仍然有很长的一段路要走。

（三）产业与市场障碍

如今，农产品已经快速地朝向商品化的方向发展，但是在农业经营过程中也会不可避免地出现有关市场与市场障碍的问题，归纳起来可分为两方面：

其一，在日益激烈的竞争中，相比较那些农业产前、产后部门，农户在商场上处于弱势地位。由于农户所管辖、经营的土地块数既小又零散，所以会出现所了解、掌握的市场信息不全面、不正确，无论是与农业产前部门所了解、掌握的信息进行比较，还是与农业产后部门所了解、掌握的信息进行比较，在品质、数量上都存在信息不对称的情况。所以，农产品在进行市场交换环节时，农民们常常处于弱势地位，辛苦的时间长但获利却少，而农业产前部门、产后部门则往往处在优势地位。进而导致农民在市场竞争中，没有处在优势地位。

其二，农民们在进行市场交换环节时，也往往存在错乱无序、不正当竞争的情况。这是因为农户们自我组织、约束能力较弱，且很多经济组织体现不出为农民谋利的思想，农户们在市场上单打独斗，不仅市场交易成本很高，而且会出现农户与农户之间互相砍价的情况。

（四）管理障碍

农业在家庭承包经营时，虽然管理效率以及经济效率都提高了很大层次，但是在经营管理方面，许多家庭内部依然实行的是家长责任制，各个家庭成员有着不同的年龄，而且极易受到血浓于水的亲情纽带驱动，每个家庭成员往往会没有任何抵触地服从于家长的管理制度。所以在通常情况下，农业家庭承包经营最终的决定权实质是掌握在家长手里，各个家庭成员很少会在利益分配上产生分歧，而且会秉持利于他人的原则，不去考虑个人的利益，所以在具体实践中，会实行按需分配的原则。家长的管理水平高，常常会出现家庭经营管理水平高。但是，现在很多家庭中，越来越多的男劳动力尤其是年轻、健壮的男劳动力，选择外出打工，进而在劳动力分配方面，导致少龄化、女性化、老年化现象十分严重，进而严重地阻碍了农业家庭承包经营的管理水平。

四、农业家庭承包经营的进一步发展与完善

世界上没有完美无缺的事物，农业家庭承包经营也是如此。它有着众多的优点，也存在着某些弊端，这一点毋庸置疑。随着我国信息科技的不断发展，农业家庭承包经营也会进一步发展与完善，具体表现为以下两点。

（一）稳定农业家庭承包经营，准确地处理农地产权关系，在有条件的地区有效地促进农业规模经营的形成

国家法律法规已经对农业家庭承包经营，尤其是对土地承包问题作出了十分明确的规定。只有在遵循相关法律法规的基础上去进行家庭承包经营，才能有效地使现代农业微观经济组织发挥出更大的作用来。种种历史实践已经表明，家庭承包经营在农业中具有朝气蓬勃的生命力，应该坚定不移地去推行。依法让农民从事家庭承包经营，不让那些以个人主观偏好去影响家庭承包经营的情况发生。农业家庭承包经营中，最核心的问题是农民、土地产权关系的处理。正确地贯彻和实行农村土地承包，不仅可以有效地维护农民的经营自主权，进一步稳定农业家庭承包经营，而且也有力地促进农地二级市场的建立，也极大地推动了农民土地的有序流转，进而推动农业规模经营的形成，从而提升我国农业国际竞争力。在某些经济发达地区，农业已经具备了实行规模经营的条件。这也就需要当地政府针对本地经济发展的具体情况，制定出适合于本地的政策法规，通过农民土地的依法流转，有效地推动本地农业规模经营的形成。

（二）农业家庭承包经营组织化特别是产业关联程度的提升

如今，我国的农业现代化水平越来越高，农业的社会化分工也越来越精细，产业关联程度将朝着越来越强的方向发展。以新制度经济学层次来看的话，当市场经济发展到某一程度，市场主体之间的关系也就不能纯粹地依赖交易来进行维持，社会经济的快速发展产生了需要用非市场组织取代市场交易的需求。为了有效地解决农业家庭承包经营所遇到的

分散性、欠经济性，同时也为了满足社会不断增长的对于农产品的需求，也需要在大力支持基于家庭承包经营制度上，根据合同制、专业合作经济组织以及一体化经营等各种形式来不断地加强农户的组织化，尤其是产业关联程度。

第三节 农业产业化经营

农业产业化经营是以市场为导向，以农户经营为基础，以"龙头"组织为依托，以经济效益为中心，以系列化服务为手段，通过实行种养加、产供销、农工商一体化经营，将农业再生产过程中的产前、产中、产后诸多环节联合在一起，形成一个完整的产业系统。它是引领分散的农户小生产转变为社会背景下的大生产的组织形式，通过多个参与主体在自愿的原则下，组合而成的经济利益共同体，也是市场农业的一个很基本的经营方式。

一、农业产业化经营的特征

在中国，农业产业化经营的基本组织形式有三种，分别是：农产品市场+农户、农业龙头企业+农户以及完全一体化经营。农业产业化经营有着四大特征，分别是：

（一）生产专业化

所谓生产专业化，主要是紧紧围绕着主导产品或支柱产业从事专业化生产，农业生产过程中的产前、产中、产后环节通过一个系统来有效地运行，从而实现每个环节的专业化都能顺利地与产业一体化有效协同、结合起来。农业商品经济逐渐发展到一定程度、到达一定阶段时，农业生产专业化也就产生了。如果从农业分工与协作原理进行分析的话，可以看到农业专业化是形成农业产业化经营的一个非常重要的原因；如果从实践经验角度进行分析的话，可以看出农业生产专业化也是农业产业化经营的一个主要的特征。随着农业生产专业化的不断发展，在农业生产专业化的不断推动下所形成的一系列区域经济、支柱产业群、农产品商品基地等，也成功地为农业产业化经营打下了坚固的基础。

（二）企业规模化

农业生产专业化的效率能够有效地通过大生产的优越性体现出来，由于农业生产经营规模的不断扩大，极大地方便人们采用先进的农业科学技术，也大大地节约了农业生产成本，同时也为农产品的大量生产、加工、销售环节奠定了坚实的基础。从表面上看，企业规模化具有扩大、拓展、延伸生产经营规模的意义，但是企业规模化更重要的意义在于从事农产品生产、加工和销售的农户和企业之间在生产要素的组成比例方面达成匹配，极大地节约了生产要素，有效地为农业产业化顺利经营创造了条件。

（三）经营一体化

所谓经营一体化，指的是多种形式联合在一起，形成市场牵引龙头、龙头带领基地、基地又与农户联合在一起的贸工农一体化经营体制，从而呈现出外部经济内部化的状况，有效地节约了交易成本，极大地提高了农业的总体利益。在具体实践中，有各种形式的经营一体化，比如常见的生产销售一体化、生产加工销售一体化以及资产经营一体化。

（四）服务社会化

通常情况下，服务社会化，体现出通过合同稳固内部一系列非市场安排，不管是对于公司来说还是对于合作社来说，农业产业化服务都是在朝着规范化、综合化的方向发展，也就是有效地将产前、产中和产后各个不同的环节服务统一在一起，以此形成了综合性生产经营服务体系，其中农业生产者一般情况下只需去从事一项或者几项农业生产作业，而其他项工作则是通过综合性生产经营服务体系来完成，从而极大地提高了农业的微观效益以及宏观效益。

二、农业产业化经营产生与发展的原因

随着现代农业技术的不断进步与发展，农业也逐渐采用合同制和一体化经营的方式，有效地提高了农业生产的专业化、企业化、规模化以及社会化水平，也就是形成我们所说的农业产业化经营。农业产业化经营产生与发展的原因主要体现在以下几大方面。

（一）适应消费者对食品消费需求变化的需要

随着我国社会经济的不断发展，我国的社会人口结构也出现了诸多的变化，越来越多的女性加入到工作的队伍中来，不论是对于男性还是对于女性，他们在外工作的时间也越来越长，人们生活、工作的节奏也越来越快，对于便利食品和快餐、加工食品的需求也越来越高，有力地促进了中国食品加工业的发展。但是，一般情况下，由于食品加工业经营管理规模比较大，为了有效地保障农产品等其他加工原料源源不断、稳定地供应，又需要企业与农产品的生产者建立一种稳定的联系。与此同时，近几年来随着人们生活水平的不断提高，人们对于生活质量尤其是对于食物质量提出了日益剧增的要求，消费者越来越在意食品的品质和质量安全，对于食物也提出了诸如新鲜、低能量、低脂肪等越来越多的其他要求，进而要求所消费的食品质量安全得到保障。这也就对食品加工企业提出了更多的

要求：要求其务必要有专门的农产品原料生产基地，与此同时对于农产品整个生产过程也要做到有效地监督、控制。要完成这些要求，必须要不断地提高农业的组织化程度，并整理融合农业的相关产业链条。这些都极大地提高了农业产业化经营水平。

（二）缓解农产品生产季节性和消费常年性矛盾的需要

由于农产品生产周期一般比较长，农产品在生产过程中不仅有明显的季节性，而且生产期间还具有新鲜易腐性。但是人们需要一年四季持续消费农产品，且需要价格不能上下变动太大。为了有效缓解农产品生产季节性和消费常年性的矛盾，就务必通过一系列措施，比如农产品的储藏、加工、运销，使农产品的保质期有所延长，从而也方便了长距离运输。解决农产品生产季节性和消费常年性这一根本性矛盾是经营管理农业过程中，农业产业化产生与发展起来的内在和根本原因。

（三）降低经营风险的需要

伴随着农户经营规模的不断扩大，农户专业化水平的不断提高，不仅要亲历自然风险，而且要亲历更大的市场价格波动风险。总结下来，农业龙头企业亲历了三类风险，分别是：其一，处于中间环节的投入品的农产品和生产出来的成品在市场上的价格波动风险；其二，处于中间环节的投入品的农产品因为数量不稳定从而引起的农业设备利用率低的风险；其三，因为没有安全保障的食品对人类造成的健康危害以及在产品生产加工的各个环节中对于水体、空气和土壤等造成的一系列污染所面临的被惩罚风险。这些都有力地说明了，无论是对于农业还是农业企业，他们都面临着巨大的风险，降低经营风险这一共同期望会不断推动他们向稳定的交易或合作关系的方向发展。

（四）降低市场交易费用的需要

无论是从流通环节还是从农户与市场的关系进行分析，对于购买产前的生产资料，还是对于销售产后的产品而言，仅仅依靠农户自己去交涉的话，交易的费用是非常高的。农户们在购买种子、饲料、农药等生产资料时，在质量方面的信息明显不占优势，没有影响供给的能力，导致他们常常只能无可奈何地接受价格。从农产品销售方面来说，农户仍然处在被动、不利的地位，面对眼花缭乱的市场，农户的预见能力和信息收集能力较弱，所以常常会就近选择那些离自己比较近的市场，并只能去接受购买者各种约束、限制。无论是在生产资料购买环节，还是在生产资料销售环节，农户都处在不利地位，所以农户需要为此付出高额的交易费用，进而导致交易成本极高，难以继续进行下去，出现"市场失灵"。而对农业龙头企业进行分析，交易费用的节约主要体现在降低种子、饲料销售和农产品等各个方面的购买，以及在寻找、评价、质量检测和签署有关契约等方面的费用。自从农业产业化经营组织建立起来，农户和农业龙头企业都大大地降低了交易费用。

（五）解决农产品质量信息不对称的需要

在农产品的各个加工环节中，针对农产品的质量，由于农产品的供应者和加工者提供的信息存在不对称的情况，而加工者又无法全面了解其质量信息，所以如果想要清楚地掌握这些质量信息，就需要付出相当高的检测成本。如果农产品的供应者和加工者仅仅是在市场上进行贸易往来，那么加工者也很难得到符合质量要求的农产品。有效地采取合同或一体化方式，能够在一定程度上实现对于农产品及其生产环节的监督和控制，从而有助于凭借较低的成本就能够得到符合加工质量所要求的农产品。

第三章 现代农业的生产要素

第一节 农业自然资源

农业自然资源是指存在于自然界中的可用于农业生产的资源和能量，包括气象、水、土地、生物等要素，农业自然资源是开展农业生产经营活动的基础。本节主要对土地资源和水资源进行分析。

一、农业自然资源的概念

农业自然资源是指在自然界中可以用于农业生产的物质及能量，还有那些为农业生产提供保障的自然条件。农业自然资源与农业自然条件是两个不同的概念。农业自然条件包括地形地貌、气候条件、地理位置等，是指一种对农业生产发展的条件和限制。

农业自然资源的种类和范围并不是固定不变的，随着科技的发展和进步，越来越多曾经不能被人类开发利用的自然资源成了可以利用的农业自然资源，农业自然资源越来越丰富，人类可以利用的自然物质和能量也就不断增多。

人类通过各种手段将自然界中的物质和能量进行转化，得到人类需要的物质产品，这个过程就是农业生产活动。利用生物的生理功能把自然界的物质和能量转化为人类所需要的物质产品，因此，自然资源在农业中起着特殊的作用。自然资源的状况及其利用情况，不仅影响农业中社会经济资源的利用效果，影响农业生产的成果，而且影响农业生态环境，关系农业的可持续发展。

二、农业土地资源

（一）农业土地资源的作用

用于农业生产的土地的数量和质量的总称就是农业土地资源，这其中包括已经开发使用的部分和还未开发的部分，例如耕地资源、草地资源、荒地资源、林地资源等。土地资源对于农业生产具有十分重要的意义和作用。

1. 农业生产必须在大面积的土地上进行

一般情况下，工业生产会将土地当作人们进行作业或是生产的场所，相对需要的面积会比较少。在农业生产活动中，农作物在利用太阳光能时，栽培面积是一个十分重要的影响因素，所以农业生产相较于其他生产部门需要使用更多的土地以实现生产目标。一个国家或地区的土地面积在很大程度上可以决定这些地域范围内的农业生产规模。

2. 土地具有对农作物生长发育的培育能力

农业生产部门与其他生产部门不同，土地起到了培育农作物生长发育的作用。因为对于农作物而言，土地的性质对其生长发育有很重要的作用。土地质量是决定农业生产成果的重要因素。

可以看出，土地资源对农业生产起到了直接的影响作用，所以土地是农业的基本生产资料。农业生产的发展是离不开土地的，需要对土地资源进行科学合理的开发和利用。

（二）农业土地资源的特点

1. 数量有限，不可替代

土地属于自然资源，人类的生产活动并不能创造土地。通过人类活动，可以对土地资源进行开发和利用，但这只是一种改良，却不能创造出新的土地。随着社会工业化和城市化的不断发展和深入，非农用地的面积不断扩大，这就使农业土地资源持续减少。而农业生产中的其他生产资料并不会出现这种情况，它们可以通过人类活动而增加，例如农用工具、机械等。而且，随着科学技术的不断发展，这些生产资料还可以进一步改革和更新，并可以相互取代。例如传统的农业用具可以用现代化、自动化的农用工具代替，但是土地资源却不可以被其他资源替代，它在农业生产活动中不只是充当生产场所和地点的角色，还要为农作物的生长发育提供营养，土地肥力在很大程度上影响着农作物生长和农业生产成果。土地对于农业生产来说是必不可少的珍贵资源，所以发展农业生产必须重视对土地资源的充分、合理利用，提高土地的利用率和生产率。

2. 位置固定，不能移动

土地是固定不变的，并且不可以被移动，所以只能在固定的空间内进行土地资源的利用和开发。其他生产资料可以在不同的场合使用，并且根据实际的需要情况进行资源的转移。正因为土地的这个特点，对土地进行开发和利用时总是会联系自然条件，因为其会受到自然条件的制约。所以科学合理地利用土地资源发展农业生产，必须根据土地资源本身的特点进行安排，将土地所处空间的气候、地形、水利、土壤等条件充分纳入考虑，以此安排生产部门和作物种类；按照当前的需要，在可行性范围内改造自然条件，提高土地资源的培育能力；其他生产资料也需要按照因地制宜的原则进行改造，要在符合当地耕作制度下进行利用。

3. 能永续利用，土壤肥力可以提高

农业生产中的其他生产资料与土地不同，它们都具有使用期限。例如机械设备会在使用过程中造成磨损，在一段时间的使用后便会失去效用而报废；肥料在被充分吸收后便会失去效用。土地资源与这些生产资料不同，它是可以被永久利用的，并且随着科学技术的不断发展以及人们对土地资源的愈加了解和掌握，土地肥力会有所提高。土地肥力包括由各种成土因素综合影响形成的自然肥力，以及通过人工劳动改造而形成的人工肥力。自然肥力与人工肥力相结合形成潜在肥力，随着科学技术的不断提高，土地的潜在肥力会不断提高，并且可以转化为经济肥力供农作物直接利用。因此，想要永续利用土地，就需要对土地再利用的同时进行保护。正因为土地可以被永续利用，社会对农产品日益增长的需求和有限的土地资源之间的矛盾才有可能得以解决。

4. 土地生产力具有差异性

土地生产力是指土地资源生产农产品的能力，不同的土地具有的生产力并不相同，这是指在投入相同的活劳动和物化劳动所得到的农产品产出并不相同。造成土地具有生产力差异的原因主要有两个。第一，位于不同区位的土地所拥有的自然肥力并不相同；第二，人类活动会对土地造成影响，导致不同土地间的生产力差异。土地生产力的不同决定了土地经济价值和利用方向的不同，同时也决定了社会为解决农产品的产需矛盾，对于劣等地也必须加以利用，在为农产品进行定价时必须由劣等地生产条件下的农产品的价值来决定。

三、农业水资源

（一）水资源的特点

1. 水资源可以自然补充、重复利用

水资源的利用是一个循环的过程，水资源在自然蒸发、植物吸收、人类利用等消耗后，可以通过降水等方式回到自然中，实现水资源的循环补充。若一个地区的地质、植被、大气等方面的情况不发生变化，该地区的水资源总量只会出现一定程度的波动，而不会发生枯竭的现象，这就是因为水资源可以进行自然补充、重复利用。

2. 水资源只能以其自然状态利用

化石能源等矿产资源是可以经过人类加工进行利用的，可以通过人工提炼对其体积进

行浓缩、提高其经济价值，以减少运输成本。但是水资源却不可以经过人工提炼而进行体积上的浓缩，虽然通过人类加工可以将自然水资源变为饮用水，这样水资源的经济价值得以提高，但是数量有限，其运输成本较高。

3. 水资源既是生产对象，又是生产条件

矿产资源或生物资源都属于人类进行生产的对象，人类通过劳动对其进行加工形成最终产品。但是水资源不仅是人类进行生产的对象，同时还是人类进行生产的条件。例如，水资源作为生产对象可以被加工为饮用水，作为生产条件可以为发电、航运等提供条件。

4. 人类不能对水资源循环实施有效的人工控制

水资源的自然循环并不是一个固定的过程，其具有不规律性，所以在一定时间和空间范围内可能会形成水资源供给不足或是供给过量的现象，也就可能造成干旱或洪涝灾害，但人类目前拥有的技术并不能对这种循环进行有效控制，这样就会造成水资源的功能不能充分发挥，其他资源的利用也会受到一定影响。

5. 水资源的自然供给无弹性，需求呈刚性

水资源的自然供给与价格无关，它的需求价格弹性极小。因为无论是人类还是动植物对水都有刚性需求，水是保证其生存的根本。水资源也为人们对生物资源进行开发和利用提供了条件，缺少水资源，人类的经济活动会受到影响。所以对水资源进行开发和利用是一个关乎社会和生态的重要问题。正因为这样，人口数量、经济规模和农业生产必须考虑水资源的可供性，对水资源的需求没有限制会导致经济系统的崩溃。

（二）水资源对农业的重要性

1. 水资源是农业生产的命脉

农业的生产对象为各类动植物，水资源是保证它们生存的根本。农业生产如果出现水资源的短缺，就会导致农业生产不能实现长期发展。通过农业生产的实践情况可以看出，一般在水资源充足或灌溉条件较好的地区的生产情况也比较好，在这些地区的农产品产量明显高于其他地区。如果干旱地区和半干旱地区想要提高其农产品的产量，就必须切实解决这些地区水资源短缺的现状。

2. 水资源状况影响农业布局

一般情况下，水资源充足、灌溉条件较好的地区的农业人口和劳动力较为密集，同时这些地区拥有的其他生产要素也比较多，属于主要的农产品集中产区。这些地区虽然资源

好，但是人口多、土地面积小，相对的农业生产的潜力比较小。在干旱半干旱地区，人口少、土地面积大、生产要素比较短缺，所以劳动生产力水平低。但是这类地区的农业生产潜力比较大，如果最关键的水资源问题可以得到有效的解决，就很可能实现农业布局的优化。

3. 水资源是重要的农业生态环境资源

水资源状况和农业生态环境之间存在直接关系。如果出现水资源短缺，就可能引起森林和草原退化、土地沙化等；对水资源进行不合理利用，可能引起灌区土地次生盐碱化、水土流失和土地肥力下降；水资源污染会给农业生产带来阻碍，还会严重危害生态环境。

4. 水资源是农民的基本生存条件

水资源为农民的生存提供最基本的条件。提高农民生活水平的前提就是保证农民的生存，也就需要保证农民对水资源的需要。只有在满足农民对水资源的基本需求的基础上，才能进一步发展农村，实现农民的生活富裕。

（三）我国水资源的状况

1. 总量多，人均量少

我国的陆地水资源总量高达 28000 亿立方米，位居世界第四。但是我国人口规模大，人均水资源仅有 2300 立方米，与世界平均水平相距甚远，仅为世界平均水平的 25%，是全球范围内人均水资源最贫乏的国家之一。

2. 水资源地区分布不平衡

按照地域分布，我国水资源呈现东南多、西北少的特点，而我国地下水分布则是南方多、北方少。我国人口与耕地也存在分布不均的现象，加之水资源的分布不平衡，导致我国农业时常会出现灾害现象，例如大面积的干旱或是洪涝等。

3. 水资源季节分布不均，年际变化大

因为受到季风的影响，我国的降水量以及径流量在一年内会呈现季节分布不均匀的状态。一般情况下，全年的降水量主要集中在夏季。因为降水的高度集中，导致我国在汛期大量弃水，非汛期大量缺水，水资源得不到充分合理的利用。除此以外，我国年间降水量也存在较大变化，连续旱年和连续雨年会呈交替状发生周期性变化，尤其在北方这种情况较为明显。

第二节　农业劳动力资源与资金

一、农业劳动力资源

农业劳动力资源是指能够参加和从事农业生产劳动的劳动力数量和质量的总和。农业劳动力资源是开展农业活动的基础，农业生产经营活动需要劳动力资源为其提供基础动力。

（一）农业劳动力资源概述

1. 农业劳动力资源的概念

劳动力是指可以参加劳动的人，农业劳动力是指参加农业劳动的人，农业劳动力资源是对参加农业劳动的劳动力的数量和质量的总称。农业劳动力的数量，是由适龄的有劳动能力的劳动力数量，以及未达到或是超过劳动年龄的经常参与农业劳动的劳动力数量组成的。农业劳动力的质量，是指农业劳动力的实际状况，例如身体状况、农业劳动的技术掌握程度、农业科学技术水平等。

2. 农业劳动力资源的特点

（1）流失性

这是指劳动者的服务能力不可以进行储存。如果不在一定时间内对劳动力的服务能力进行利用，那么就会导致其服务能力自行消失，该能力不可以储存到另一时间使用，所以必须在有效时间内对劳动力进行充分利用。

（2）可再生性

劳动力具有可再生性，通过合理的利用，劳动力拥有的劳动能力可以恢复和进行补充，所以在利用劳动力时要注重科学合理性。劳动力的可再生性是建立在劳动者的休息得到保障的基础上的，并且还要为劳动者提供良好的医疗保障条件。

（3）能动性

这是指劳动者拥有主动性和创造性。在当今社会中，大部分劳动资料和劳动对象是通过人的劳动创造出来的。科学技术已经成为当今这个现代社会的第一生产力，但是劳动力依旧在生产活动中起着重要的作用。科学技术需要通过人类创造，也需要通过人类使用。所以，要保证劳动力在生产活动中保持积极性，最大程度地发挥劳动者的主观能动性。

（4）两重性

这是指劳动力既是社会财富的创造者，又是社会财富的消费者。与生产资料结合，劳动力就是创造者；不与生产资料结合，劳动力就是消费者。如果能充分合理地利用这些劳动力资源，就可以在很大程度上推进我国农业发展；反之，这些劳动力资源会为国家经济造成负担，劳动力资源数量上的优势就变成了劣势。所以，我国的劳动力利用问题相较其他国家显得更为重要。

（二）农业劳动力资源的利用

对劳动力资源进行充分合理利用的途径主要有两个，即提高农业劳动力利用率和提高农业劳动生产率。前者是通过农业外延扩大再生产利用劳动力资源，后者是通过农业内涵扩大再生产利用劳动力资源。

1. 提高农业劳动力利用率

（1）农业劳动力利用率的含义

农业劳动力利用率是指农业劳动力资源的实际利用量与拥有量的比率，反映农业劳动力资源的利用程度。

根据不同的分析目的，有以下三种方式可以用来计算农业劳动力利用率：

$$农业劳动力利用率 = \frac{实际参加农业劳动的人数}{能参加农业劳动的人数}$$

$$农业劳动力利用率 = \frac{平均每个劳动者实际参加劳动的天数}{平均每个劳动者可参加的劳动天数}$$

$$农业劳动力利用率 = \frac{工作日中的纯工作时间}{工作时间}$$

（2）提高农业劳动力利用率的意义

提高农业劳动力利用率可以使劳动者成为社会财富的真正创造者，可以通过自身劳动为社会创造更多财富。在社会劳动力资源总量和劳动生产率一定的情况下，随着农业劳动力资源的利用率的提高，就会有更多的实际劳动力投入到农业生产中，也就会创造出更丰富的农产品。反之，劳动力得不到充分利用，成为纯粹的社会财富的消费者，从而对农业和国民经济的发展造成负担。

（3）提高农业劳动力利用率的途径

①优化农业产业结构，发展劳动密集型产品

我国土地资源稀缺、劳动力资源丰富，根据这一特点，我国应该发展劳动密集型产品。现在，农业也开始向国际化发展，要合理安排农业产业结构，大力发展蔬果、花卉、畜牧等需要较多劳动投入的农产品生产。并且要提高农产品的质量，加强产品竞争力，同时增加劳动投入，增加农民收入。

②实行农业产业化经营，拉长农业产业链

随着农业的发展，产业化经营成为主要的经营模式，这就使农业生产发生了生产经营领域的变化，从单一的农产品生产转向农产品的加工、运输、包装、销售等。这种转变提高了农产品的附加值，同时还为社会提供了更多的就业机会，提高了农业劳动力利用率，从而实现了农民收入的增长。

③加强农业基础设施建设，改善农业生产条件

农业基础设施是指固定在农用土地上可以较长时间发挥作用的生产性设施。农业基础设施建设包括修筑梯田、改良土壤、兴修水利、修建道路等活动。加强对农业基础设施的建设，可以对农业生产的物质条件进行改良，还可以加大对农业劳动力资源的利用，提高农业劳动力的利用率。

④开发利用荒地资源，向农业广度进军

经过长期农垦，我国的耕地后备资源并不充足，但是在很多地方仍存在一些荒山、荒沟、荒丘、荒滩等没有得到充分利用。因为这些土地资源的特殊性质，并不适合进行分户家庭承包，所以可以通过招标、拍卖、公开协商等方式进行承包。对"四荒"资源进行开发利用，可以提高土地利用率，增加农产品的产量，同时还可以提高农业劳动力的利用率。

2. 提高农业劳动生产率

（1）农业劳动生产率的含义

农业劳动生产率指农业劳动成果与劳动时间的比率，可以反映农业劳动者的生产效率。一般情况下通过农业劳动者在单位时间内生产的农产品数量进行表示，也可以用生产单位农产品所消耗的劳动时间来表示。

农业劳动生产率可以用公式进行表示：

$$农业劳动生产率 = \frac{农产品数量}{农业劳动时间}$$

$$农业劳动生产率 = \frac{农业劳动时间}{农产品数量}$$

上述两个公式是农业劳动生产率的定义性公式。如果进行实际计算，需要将农产品数量和农业劳动时间进行具体化。

农产品数量是指农业劳动的实际劳动成果，可以用具体的实物量进行表述，例如农畜产品的总数量或商品数量，可以用具体的价值量进行表述，例如总产值、增加值、利润

等；可以用具体的作业量进行表述，例如耕地数量、收割数量等。在进行单项农产品的劳动生产率计算时，一般都会采用实物量作为指标；在进行综合劳动生产率时，一般会采用价值量作为指标；在进行劳动的工作效率分析时，一般采用作业量作为指标。

一般情况下，农业劳动时间只包括农业劳动者花费的活劳动时间。但在进行农业劳动者的计算时，可以包括直接从事农业生产的劳动者，也可以包括间接从事农业生产的劳动者在内的全部劳动者。后者是指将为农业生产提供服务的劳动者也纳入统计单位，例如提供育苗、农耕技术、工具的专业劳动者。当社会处于生产力水平较低的阶段时，农业生产主体需要自行完成这一系列农业生产活动，随着农业社会化水平的不断提高，这些活动可以由专业的服务组织来完成。按照直接劳动者和全部劳动者进行农业劳动生产率的计算，会产生不同的计算结果，所以要在不同的需求下选取不同的指标。在计算某个农业生产主体的农业劳动生产率时，按照直接劳动者进行计算；在计算较大的地区或一个国家的农业劳动生产率时，按照全部劳动者进行计算。在进行计算时，劳动时间的单位也可以进行不同的选择，可以按照年、天、小时进行计算。

（2）提高农业劳动生产率的意义

农业劳动生产率的不断提高是历史发展的必然结果。随着社会的不断发展，农业劳动生产率也随之提高，科学技术的发展可以为农业劳动生产率的提高提供条件。农业劳动生产率的高低是判断一个国家农业发达程度的标准。

①提高农业劳动生产率可以降低农产品成本

农业劳动生产率的提高能够减少单位农产品所耗费的活劳动，活劳动的耗费是组成农产品成本的重要部分。所以，提高农业劳动生产率可以理解为是降低农产品成本之举，这将促进农产品竞争力的提高，促进农业生产经济效益的提升。

②提高农业劳动生产率是改善农民物质文化生活的决定性条件

首先，提高农业劳动生产率，可以在一定程度上降低农产品的单位成本，从而提高经济效益并增加农民的经济收入；其次，提高农业劳动生产率，可以压缩农业劳动者的工作时间，这样就会有更多的闲余时间，利用这些时间可以休息、娱乐，可以进行科学文化知识的学习，以此促进农业劳动力的全面发展。

③提高农业劳动生产率是发展农业的根本途径

根据农业劳动力的利用率来看，主要有两个途径可以增加农产品：增加社会劳动时间和提高劳动生产率。前者主要是通过增加劳动者的数量、增加劳动者的工作时间或提高劳动者的劳动强度来实现；后者是通过减少单位产品上所消耗的劳动时间实现的。如果仅靠增加劳动者数量来增加商品数量不符合社会发展的要求，利用增加劳动时间促进农业的发展也具有很大的局限性，并且增加劳动时间从长远看并不利于发展。但是劳动生产率可以随着科学技术的发展不断提高，这是符合社会发展要求的方式。

④提高农业劳动生产率是加快国民经济发展的重要保证

提高农业劳动生产率意义重大。一方面，利用剩余的农产品可以更好地满足国民经济其他部门发展对农产品的需要；另一方面，通过生产率提高解放出的大量劳动力可以填补其他部门的劳动力缺口。

（3）农业劳动生产率的影响因素

有诸多因素都可能会对农业劳动生产率造成影响。马克思认为，劳动生产率是由工人的平均熟练程度，科学的发展水平和它在工艺上应用的程度，生产过程的社会结合，生产资料的规模和效能，以及自然条件决定的。所以，可以将影响农业劳动生产率的因素归纳为以下几个方面：

①自然因素

这是指自然环境提供的各项条件，包括地理环境、气候情况、水利条件等。如果在优越的自然条件下开展农业生产，就能在相同的劳动时间内生产更多的农产品，也就是农业劳动生产率相对较高；如果在恶劣的自然条件下开展农业生产，就会导致单位时间内生产的农产品少，也就是农业劳动生产率相对较低。

②技术因素

这是农业现代化发展水平的一种体现，包括农业生产技术、物质技术装备、现代管理手段等。显而易见，农业现代化的发展水平越高，土地的生产率就越高，对劳动力的需求相对较小，而劳动生产率就会较高。

③经济因素

经济因素是指经济方面对农业生产会造成影响的因素，包括经济体制、市场体系、经营规模、生产结构、经济发展水平等。良好的经济环境和经济产业结构，可以为农业发展提供良好的市场条件，可以促进农业资源实现更为高效的市场分配，最终提高农业劳动生产率。

④社会条件

社会条件是指社会环境为农业生产提供的各项条件，包括人口的增长速度、农业劳动力的转移速度、农村教育和卫生医疗条件等。例如，人口的增长速度降低，农业劳动力的转移速度提高，就会导致人均自然资源拥有量增加，这就会相应的使农业劳动生产率有所提高；农村教育程度高，卫生医疗水平高，农业劳动者的素质就会有所提高，这也会导致农业劳动生产率的提高。

（4）提高农业劳动生产率的途径

对农业劳动生产率产生影响的因素有很多，但是在不同的国家背景下，在不同的发展阶段，需要面临的主要影响因素并不相同。根据我国现阶段的发展情况和实际国情来看，提高农业劳动生产率的主要途径有以下几种：

①提高农业的物质技术装备水平

在农业生产中使用先进的农业机械设备、化肥农药等生产资料，可以减少活劳动的投放，同时还可以提高土地生产率，促进农业劳动生产率的提高。从我国当前的情况来看，农业的整体物质技术装备水平比较低，尤其是在农业的机械化和设施化方面水平较低，所以通过提高农业物质技术装备水平实现农业劳动生产率的提高是一个科学有效的途径。但是在使用农业机械时要有所选择，根据实际情况推进农业的机械化和设施化，确保被替换的劳动力可以进行合理安排。

②合理利用和改善自然条件

自然条件对农业生产会产生很大影响，所以想要提高农业劳动生产率，可以通过对自然条件进行合理的利用和改善来实现。我国国土面积大、跨度大，各个地区呈现出各自不同的自然条件，按照不同的情况合理地安排农业生产，是提高农业劳动生产率的一个关键环节。同时，还应该加大对农业基本建设的投入，对不利的农业生产条件进行改善，以此减少自然灾害对农业的威胁，这对于提高农业劳动生产率也有重要意义。可以看出，对自然条件进行科学合理的利用和改造，是提高农业劳动生产率的重要途径。

③提高农业劳动者的科学文化素质

科学技术已经成为当今推动经济社会发展的重要动力，其在农业生产发展中的作用也很明显，并且这种重要性随着科学技术的不断进步而与日俱增。现代农业离不开先进的科学技术，农业机器设备的运用、现代化的农业经营管理等，都需要科学技术的支持。当前，我国农业劳动者的整体文化科学素质较低，这是发展农业的障碍，也是提高劳动效率的障碍。所以，应该加大对农业劳动者在科学文化素质方面的投入，提高他们的整体素质，以此为基础提高农业劳动生产率。

④建立合理的劳动组织形式

通过科学合理地建立劳动组织，实现劳动组织形式与生产力发展水平达成协调，按照客观实际的生产需求开展分工与合作，这样可以促进农业劳动生产率的提高。按照农业发展的必然要求实行家庭经营制度，但是家庭经营对于推动农业发展有局限性。想要进一步推进农业的发展，就需要建立符合发展力水平的劳动组织形式，即在坚持家庭经营基本制度不变的前提下，对农业组织制度进行改革创新。按照我国目前的发展情况，应该建立各类专业合作社、农业产业化经营组织，同时推进农业社会化服务组织的发展。

⑤推进农业适度规模经营

我国的农户经营规模比较小，这也会影响农业劳动生产率的提高。所以，应该加大力度推进工业化和城市化的进程，加快农业剩余劳动力转移。除此以外，应该对农地使用权的流转机制进行完善，调整农业经营的规模，推进农业劳动者与生产要素的最优配置。这些行为都可以促进我国的农业劳动生产率进一步提高。

根据我国的实际情况，提高农业劳动生产率需要对两个问题进行妥善处理。首先，处理好农业劳动生产率和农业劳动力利用率之间的关系。提高农业劳动生产率，就是要减少单位农产品中的活劳动耗费，这样就会节省出劳动力，必须对这些劳动力进行合理安排，因为只有这样才能保证劳动生产率得到提高的同时，劳动利用率并没有下降，保证这种提高是有意义的。其次，处理好劳动生产率和土地生产率之间的关系。二者之间的关系并不是确定的关系。土地生产率的提高一般会引起劳动生产率的提高，但是有些时候，劳动生产率的提高可能会引起土地生产率的降低。我国人均拥有土地面积小，虽然我国国土面积大，但是土地仍属于稀缺资源，这就要求我们在提高农业劳动生产率的同时确保土地生产率不降低。

二、农业资金

农业资金是指投入到农业生产经营活动中的资金，是农业发展的物质基础。尤其是在市场经济条件下，其他农业生产资料也需要使用农业资金购买，所以农业资金是农业生产要素的重要组成部分。

（一）农业资金的概念

广义来说，农业资金是指政府、经营主体和社会其他部门投入农业领域的各种货币资金、实物资本和无形资产，以及在农业生产经营过程中形成的各种流动资产、固定资产和其他资产的总和，实际上就是指用于农业生产经营活动的所有资金之和。资金投入有很多类型，其中最重要的就是货币资金。货币资金具有很强的流动性，可以在市场中自由流转，可以快速便捷地转化为其他形式的资金。从狭义层面来说，农业资金指社会中各投资主体投入到农业生产经营活动中的货币资金。

货币只是一种重要的资金形式，但是货币与资金不可以画等号。资金可以通过一定数量的货币来表示，在一定条件下货币也可以转化为资金。但是货币与资金之间具有明显的区别。资金具有可以进行循环和周转的价值，并且该价值可以保值；货币不一定是资金，只有在投入再生产过程中进行保值增值的货币才是资金。所以，农业资金是指投入到农业生产经营活动中进行循环和周转，并有保值增值的价值，且具有垫支性、周转性和增值性的资金。

(二) 农业资金的分类

1. 按资金的所有权划分

按照这种方式进行划分，可以将农业资金分为自有资金和借入资金。自有资金是指农业生产经营主体自身拥有投入生产经营活动的资金，这类资金不需要归还他人。它包括农业生产主体筹集的股本资金和在生产经营中积累的资金。此外，政府提供的无偿支援资金可以作为自有资金。借入资金是指农业生产经营主体通过借贷的方式获取的资金，这类资金需要按照约定到期还款。它包括向银行或信贷机构借入的贷款、向社会发行的债券等。

2. 按资金存在的形态划分

按照这种方式进行划分，可以将农业资金分为货币形态的资金和实物形态的资金。货币形态的资金是指以货币形式存在的资金，例如现金、存款等都属于货币资金；实物形态的资金是指以实物的形式投入到生产经营活动中的资金，例如各类生产资料、投入其中的产品等。

3. 按资金在再生产过程中所处的阶段划分

按照这种方式进行划分，可以将农业资金分为生产资金和流通资金。生产资金主要指各种生产资料和产品所占用的资金；流通资金主要指各种产成品占用的资金和在流通领域中的现金、存款、应收款所占用的资金。

4. 按资金的价值转移方式划分

按照这种方式进行划分，可以将农业资金分为固定资金和流动资金。固定资金是指垫支于劳动资料上的以固态资产形式存在的资金，例如农业生产用房、机械设备、水利设施等。固定资产的单位价值大，使用时间长，并且可以重复多次地投入农业生产中，其价值会随损耗转移至产品成本中，产品的销售收入会对其进行补偿。流动资金是指垫支在种子、饲料、肥料、农药等劳动对象上的资金和用于支付劳动报酬及其他费用的资金。流动资金是一次性的，一旦投入一个生产过程中就会被完全消耗，其价值会一次性转移至产品成本中，并会从产品销售中得到一次性的补偿。

(三) 农业资金的来源

1. 农业生产经营主体投入

农户在我国的农业生产经营中是最重要的生产经营主体，同时也是最重要的农业投资主体。除了农户外，农村集体经济组织、农民专业合作社、农业企业等组织也是农业生产主体，这些主体也是农业资金的重要来源。

2. 政府财政预算拨款

政府会根据实际情况为农业进行财政预算拨款，这笔财政资金也是农业资金的重要来源。一般情况下，财政资金都采用无偿的方式进行拨款，但是在有些时候部分财政资金也会通过有偿的形式进行划拨，或者转化为银行信贷资金的形式提供资金支持，这类有偿的资金提供方式主要是为了提高财政资金的使用效率，以便达到更好的使用效果。

3. 金融机构和个人融资

金融机构或个体信贷供给者也会为农业生产经营者提供多种信贷资金，这类资金也是农业资金的来源之一。信贷资金是有偿提供的，需要按照约定日期进行本息还款。农业信贷资金的提供者可以依照政策目标提供政策性贷款，也可以为了实现其商业目标提供商业性贷款。

4. 国外资金

在农业方面，国外资金来源主要有以下几种。国际经济组织提供的资金，例如联合国、世界银行等组织提供的资金；政府间援助获取的资金，一些农业方面的合作投资项目投入的资金；国外金融机构、企业或个人进行的农业投资。

(四) 农业资金的作用

1. 资金是重要的现代生产要素

在古典和新古典经济增长理论中，各类生产要素的投入与技术进步共同作用引起经济增长。在新经济增长理论中，强调了技术、贸易、制度等因素在经济增长中起到的作用，但是依旧认可各类生产要素投入对经济增长的基础性作用。实际上，当技术水平和制度等因素保证在一定情况下，各类生产要素投入量的增加是引起经济增长的主要因素。对于农业来说也是这样，生产要素的增加会促进农业的发展，农业资金作为生产要素，所以增加资金投入可以促进农业发展。

2. 资金是农业生产经营主体获取生产要素的必要手段

在市场经济条件下，各类生产资料都是商品，需要通过购买获得，例如劳动力、土地等都是如此。而购买这些生产资料就需要有资金支持，所以想要发展农业，首先就要解决资金问题。从一定角度来说，农业生产经营主体拥有的资金多少反映了它从事生产经营活动的综合能力的大小。

3. 资金是农业生产经营主体的重要管理工具

在市场经济条件下，资金运动和生产经营活动是密不可分的，在生产经营中一定会有资金运动，资金运动的过程反映了生产经营活动。所以，应该充分合理地利用资金管理，这样可以更好地掌握生产经营状况并加以分析，可以及时发现问题解决问题，以此提高农业经营管理水平。

4. 资金的使用效益是农业经济效益的主要表现

农业经济效益可以通过很多指标进行衡量，例如劳动生产率、土地生产率等。但是在当前的市场经济条件下，资金的使用效益肯定是衡量农业经济效益的核心指标，因为劳动力、土地资源这些生产资料也需要使用资金购买。可以看出，资金运用的经济效益的高低，可以对各类生产要素利用的综合经济效益水平进行综合反映。

5. 资金的分配是国家调控农业的重要工具

从宏观角度看，政府对农业的财政支持力度可以反映政府对农业的重视程度，政府资金的投放方向可以反映政府对农业发展支持的重点，这样可以引导其他农业资源进行更加合理的配置。它可以帮助农业产业结构进行调整，可以进一步改善农业生产条件。

第三节　农业科技进步及信息化发展

一、农业科技进步

（一）农业科技进步的特点

科技进步的过程主要包括三个阶段，即科技成果的生产、科技成果的产业化以及科技成果的扩散与推广应用，且各个阶段之间相互紧密联系。农业科技进步的过程与其他领域相比较展现出其自身的特点。想要推进农业科技进步，就应该充分认识和了解这些特点，合理利用这些特点。

1. 研究开发周期长，风险大

生物有机体是按照一定的自然规律生长发育的，在进行农业研究开发时，首先要保证研究周期基于生物的生长周期，人们必须在自然界限内进行科学试验。例如，在进行动植物新品种的培育实验时，实验周期至少需要一个动植物的生长周期。在实际的农业研究开发中，并不是经过一次实验就可以完成，而需要多次多方面的实验，需要经历许多个动植物的生长周期。所以，进行农业科学研究开发需要很长的研究周期，而研究周期长就会带来更大的风险。因为研究开发失败，已经投入的资金是不可能收回的，并且已经投入的人力、物力和时间也就此损失了。

2. 研究开发需要多学科合作

农业研究开发的任务是提出解决动植物生长与环境因素之间相互协调的技术方案，这是一个具有综合性的任务。进行农业研究开发需要各个学科和领域的专家进行协作研究，包括遗传学家、土壤学家、生理学家、营养学家、病理学家等。在进行农业科技成果的应用时，要采取相应的配套措施，只有各个方面的协调合作才能保证新技术预期效果的实现。

3. 科技成果具有区域适应性

动植物的发育生长需要一定自然条件的支持，所以在进行农业科技成果的推广时，一般都是在一定区域内进行的，尤其是动植物品种具有很强的地域选择性。因此，想要进行大范围的农业新技术推广，首先要解决区域限定的问题，要进行适应性试验，保证农业新技术可以适用于各个区域，这样才能保证新技术的推广效果。

4. 新技术的应用效果具有不确定性

因为农业新技术会受自然环境等不可控因素的影响，这就可能影响其效果。而且，从经济再生产的角度看，农业新技术发挥了其预期的效果，也并不一定会带来良好的经济效果。生产经营者可能因为产量、价格、成本等经济问题，排斥在其生产经营中使用新技术。所以，农业新技术不仅要保证技术上的先进性、生产上的可行性，还需要保证其经济上的合理性，只有这样才能保证新技术可以在现实的生产经营活动中投入使用。

（二）农业科技进步的作用

1. 提供先进的农业技术装备，提高劳动生产率

农业技术进步为农业带来了很多先进的农业机械、工具和设施等，利用这些工具可以减轻农业劳动者的工作强度，提高他们的劳动能力和劳动效率，以此降低农业生产成本，提高经济效益。

2. 提升动植物的生产性能，提高单位土地面积产量

据实践研究表明，农业科技进步可以为农业带来显著的增产效果。例如，依据遗传学理论结合生物技术，大幅推动了育种技术的发展，利用这种新技术培育出一系列优良的动植物品种，大幅提高了单位产量。随着化学、生物学、生理学、营养学理论的发展，农作物肥料和养殖动物饲料等方面得到了发展，使动植物的营养状况和生长条件得到了极大的改善，进一步提高了良种的增产性能。

3. 提高农产品质量，满足市场对高品质农产品的需求

将生物技术运用于农业生产经营中，一方面可以增加农业产量；另一方面可以根据市场需求对产品质量进行调节。根据人们对食品消费的需求变化，可以对粮食、肉类等各种农产品中的营养成分的含量进行调节，满足人们的个性要求；适应纺织工业的发展，对棉花纤维的长度和弹性等性质进行调整。而且，农业科技进步在提高农产品初级产品质量的同时，还可以丰富农业加工品的种类，提高其品质。

4. 扩大资源供给，提高资源利用效率

农业科技进步会引起农业资源的配置发生变化。农业科技进步会使农业资源的利用范围扩大，会有更多新的资源加入农业生产，也会提高农业资源的供给量；农业科技进步会促进农业资源的利用效率提高，使相同的农业资源生产更多的农业产品。农业科学技术的进步，可以提高劳动资料的效率，提高劳动对象的质量，可以对农业进行科学合理的管理，这样就会使农业生产要素的利用效率持续不断提高。同时，农业科技进步可以协调生物和环境之间的关系，促进农业的可持续发展。

5. 提高农业的经济效益，增加农民收入

农业科技进步一是可以促进农业劳动效率的提高。二是可提高农产品的产量和质量。三是推动农业规模经济的实现。农业科学进步，可以扩大生产单位的经营规模，从而降低平均成本，以此实现规模效益。四是提高生产要素的利用效率。以上几个方面都可以促进农业经济效益的提高，带动农民收入的提高。

6. 有利于改变农村面貌，缩小"三大差别"

农业科技进步一方面可以促进农业发展与农村经济发展，另一方面还可以改善农村的生态环境。科技进步既能带来全新的农业生产方式，也会改变农民的生活方式，引起农民的生活习惯和价值观念发生转变，从而使农村面貌全面改观，缩小甚至消除工农差别、城乡差别以及体力劳动与脑力劳动的差别。

（三）中国农业科技的创新方向

1. 高产、优质、高抗动植物新品种繁育技术

优良品种是提高农产品产量和质量的基础。随着经济的发展，人们的生活水平越来越高，这就使人们对农产品的需求提出了更高的要求，促使农产品提高质量适应要求。对于我国来说，培育优良品种是发展农业科技创新的一个重要方向。我国将应用常规和转基因、分子定向育种、航天诱变育种等新的技术，大力培育动植物新品种。我国的耕作制度

较为复杂，所以在进行选种时应选择早种晚熟配套和前后茬配套的优良品种；按照不同生态类型，选择那些可以抵御重要病虫害或自然灾害和盐碱等不良环境条件的多抗性优良品种。在进行畜禽育种时，选择那些高品质、高饲料转化率的新品种作为重点培育对象。

2. 作物栽培技术和畜禽饲养技术

充分发挥优良品种的潜力，需要搭配适合的栽培和饲养技术。所以，不能只关注优良品种的培育，还须对相应的栽培和饲养技术进行研究和推广。在种植业方面，要充分了解不同地区的生态条件，根据生态区域的特点建立主要农作物的高产栽培技术体系。在畜禽和水产饲养方面，应该对相应的配合饲料、疫病防控与治疗技术等进行研究和推广，要按照区域和规模的不同，建立相应的养殖模式和技术体系。

3. 农业机械和设施农业装备技术

农业机械化可以减轻农业工作者的劳动强度，提高农业劳动效率，而且这是实现农业现代化的重要基本条件。我国当前在农业机械化水平并不高，应该加大力度推进农业机械化。同时，还要联系实际情况，一方面加大推进粮食生产过程的机械化程度，另一方面研究和推广园艺用微型耕整机械、小气候调节机械和自动化调控设备。此外，还要加大、加深对农业机械和装备的自动化、智能化等方面技术的研究，提高自动化和智能化水平。

4. 化肥、农药生产和使用技术

化肥、农药是实现农业增产的一个重要因素，我国当前在化肥、农药生产方面仍然有一些问题，包括品种结构不合理、肥分利用率低、施用方法不科学等。应该研究和推广新型化肥、有机肥料资源无害化处理技术等。我国农业的农药使用效率低、成分残留高，所以应该研究和推广高效、低毒、低残留的农药，加强对环保施药的推广，要建立科学统一的有机农药使用技术标准，要推进我国农药使用的规范化和科学化。

5. 农产品质量控制和检测技术

农产品质量安全是一个非常重要的问题，首先，它与消费者的健康有直接关系；其次，它也在一定程度上决定了农产品的国际市场竞争力。根据实际情况来看，我国的食品质量安全问题十分突出，消费者极为关注。所以，提高我国农产品的质量安全水平是一个迫在眉睫的课题。通过农业科技创新，可以加强对农产品质量安全的检测和控制，同时应该制定和完善统一的农产品质量标准，加强农产品标准化生产技术体系和农产品质量检测体系的建设，提高我国农产品的质量安全水平。

6. 农产品精深加工与储运技术

发展农产品加工贮藏技术，可以延长农业产业链、提高农产品附加值、推进农业产业化经营。在农产品生产后，应该进行农产品和农林特产精深加工提高其附加价值，还有一系列配套的设备和技术的研究和推广也很重要，例如绿色储运技术、农产品的保鲜储存与运输技术、冷链运输系统技术等。

7. 资源利用和环境保护技术

我国面临着十分严重的环境污染问题，并且因为人口规模大引起资源较为紧缺，这些都对农业的可持续发展造成了严重的阻碍。所以，为了推进农业的发展，就应该研究和推广资源科学合理利用以及环境友好型技术。例如，节水农业、地力培育、草原植被恢复、农业面源污染防治等。应大力开发和充分利用先进的技术，建立区域性农业资源利用技术体系、退化草原快速治理与可持续利用技术体系、综合治理技术体系等。

二、农业信息化

（一）农业信息的类型

1. 农业自然信息

农业自然信息指存在于自然界中的与农业活动相关的各类信息，包括生物生长信息，如作物生长信息；生物生长环境信息，如当地的土壤、气候条件等；生物生长与其生长环境之间的作用信息，如农作物和土壤之间的养分循环等。作物生长信息包括作物的种类、品种、生态适应性、营养需求等相关信息；土壤信息包括土壤的类型、质地、养分情况、含水量、耕作层厚等。这些农业自然信息可以为农业劳动者对其生产决策和日常生产管理提供参考。

2. 农业社会信息

农业社会信息指人类在农业生产经营活动中产生的各类信息，包括农村社会和经济信息、农业生产技术信息、农业市场信息、农业政策信息等。农村社会和经济信息包括农业人口数量和变化情况、农民收入水平、农民社会保障情况、农村基础设施等方面的信息，通过对这些信息进行充分的了解，政府可以制定和调整相应的政策。农业生产技术信息包括农作物的品种、栽培技术、病虫害防治技术等方面的信息，通过充分掌握这些信息，农业劳动者可以采取相应的技术措施。农业市场信息包括农业生产资料和农产品市场供求和价格等信息，通过这类信息，农业劳动者可以对其生产经营进行较为科学合理的决策。

（二）农业信息的特点

1. 与自然环境条件的依存性

农业以自然再生产作为基础，生物的生长发育一定是在自然环境中发生。所以在进行农业生产的安排以及农业生产的日常管理时，就要充分考虑到生物生长发育的自然环境，包括地形地貌、气候状况、季节等，要充分了解和掌握生物的适地适生信息，要根据实际情况组织农业生产经营活动。

2. 系统性和渗透性

农业生产实际上是自然生产与经济再生产有机结合产生的部门，是一个涉及生物、环境、经济、技术等多方面、多领域的复杂庞大的系统工程，各方面、各领域的信息都同时存在，并且相互渗透，共同作用。所以，在进行农业生产经营时，必须对各方信息进行全面收集。

3. 使用上的商业性与公益性并存

农业信息在使用上同时具有商业性和公益性。商业性农业信息是指直接影响农业生产经营的经济效益的农业信息，在农业生产经营者进行决策时这类信息会直接与他们的利益挂钩，这类信息的价值通过市场得以体现。商业型农业信息具有个体性和微观性，通过市场可以对这类信息进行较好的信息配置。通过相关企业提供信息是缩短信息传递链条的一个有效途径，这样可以提高信息传递的及时性和准确性，实现信息传递双方的即时互动。公益性农业信息是指具有很强正外部性的农业信息。一般情况下，公益性农业信息关系农业经营风险和部分自然风险的降低，也关系农业整体生产力水平的改善，这类信息也直接关系到国家、社会和广大农民的利益。

（三）农业信息化的作用

1. 农业信息化是发展农业的重要动力

当今处于信息化时代，信息资源在当今社会中是十分重要的生产要素，在资源结构中占有十分重要的地位。农业信息化是农业发展的必然要求，提高农业信息资源的开发利用水平，可以在一定程度上减少物质生产要素的投入。通过推进农业信息化的发展可以促进农业产业结构的优化，促进农业增长方式的转变，以此为基础推进农业的可持续发展。

2. 农业信息化是实现决策科学化的重要手段

农业生产和经营管理受到很多因素的影响，农业系统具有复杂性、动态性、模糊性和随机性的特征，所以在进行决策时比较复杂。想要进行科学有效的农业决策，就需要充分利用多个学科领域的知识，还需要借助专家的经验进行推理和判断。通过农业信息技术，可以将农业决策支持系统、专家辅助系统、作物生长模拟系统等信息化系统进行有机结合，通过科学的分析做出农业决策。

3. 农业信息化是提高农业经济效益的有效措施

通过信息技术可以进行模拟实验，这样就在农业科研方面节省了成本和时间，提高了科研的效率；通过对信息技术的合理利用，可以通过预测增强作物抵御自然灾害的能力，降低风险和损失；农业信息技术帮助农业生产经营者快速、便捷、低成本地了解和掌握农业新品种和新技术、农产品供求和农业农村经济政策等信息，以此降低决策成本。

4. 农业信息化是实现资源高效配置的重要手段

农业信息化可以打通信息通道，加强农村与城市、国内与国外的联系，使农业发展可以充分利用各方资源和市场，进行资源配置的优化，扩大农产品市场；利用信息系统，可以帮助农村富余劳动力流向城市，加快城镇化和工业化的进程；科研院校和机构可以通过农业信息化寻找合适的实验基地，促进科研成果与现实生产力之间的快速转化；农业方面的人才也可以更好地根据需求找到合适的岗位，实现人才的优化配置。可以看出，农业信息化可以优化资源的配置及其效率。

第四章　现代农业的市场化

第一节　农产品的需求与供给

一、农产品的需求

（一）农产品需求的概念

对于农产品需求的理解，就是指农产品的相关消费者在某一特定时间段内，在各种可能的价格水平上愿意购买并且能够进行购买的某种农产品的数量。

（二）构成农产品需求的条件

构成农产品需求的条件必须同时具备以下两点：

第一，消费者需要具有购买的欲望。

第二，消费者在现行价格条件下需要具有相应的支付能力。

二、影响农产品需求的因素

农产品不同，其相关的用途也会有所不同，与此同时，同一种农产品也具有多种用途，市场需求量说到底，是所有购买者和使用者对某一种农产品的每一项用途的需求总和。

因此，农产品需求会受到诸多因素的影响，主要表现在以下几个方面：

（一）消费者的收入水平

就消费者的收入水平来说，一般收入水平越高，对农产品的需求量就会相对应地越大；相反，收入水平越低，需求量也会有所减少。但是，作为人们生活中不可缺少的必需品来说，消费量增长是极其有限的，一个家庭如果在收入方面越低，那么，相反的家庭支出中用于购买食物的消费支出所占比例就会越大。

随着人们收入水平的不断提高，农产品的消费结构也出现了一些相应的变化，具体如下：

第一，对一般的农产品需求逐渐呈下降趋势，而对营养丰富的鲜活农产品需求量逐渐上升。

第二，对低质量的农产品需求逐渐下降，而对优质农产品的需求不断上升。

第三，在经济快速发展和收入水平逐渐提高的形势之下，人们对补充服务的需求也在不断地增加，如人们越来越多地需要快餐和方便食品。

第四，在伴随着收入水平提高和生活节奏加快的情形下，对于消费者而言，农产品在经过适当的整理和包装、有着整洁的外观、携带起来方便、容易储存的情况下，更容易引起他们的青睐。

（二）价格

第一，农产品自身的价格及价格总水平。一般来说，农产品的价格越低，那么需求量就会越大；反之，农产品的价格越高，其需求量就会相对越小。如果收入水平不变化，把某种农产品的需求量进行适当的增加，那么对其他农产品而言，它们的需求量一定会有所减少。

第二，其他相关农产品的价格。

（三）中间需求的变化

对于农产品中间需求的理解，具体是指农产品加工业、以农产品为原料的轻工业以及相关产业对农产品的市场需求。

国民经济的迅速发展，农业现代化的进程加快，使得用作饲料、食品、纺织、化工、商业等的农产品不断增加，在农产品市场中，成为需求量最重要的组成部分。

（四）人口的数量与结构

人口数量的增减，会使得农产品的需求数量受到最为直接的影响。农产品需求的增加与人口数量的增长在一定程度上来说，是成正比的一个状态。

人口结构有所变动，对农产品的需求也会造成一定的影响。

第一，城乡的人口结构对农产品需求的影响是很大的，因为城镇居民与农村居民在相比之下，城镇居民要消费更多的农产品。

第二，人口的年龄结构对农产品需求也有一定程度的影响，就拿婴幼儿来说，他们对牛奶、食糖的消费就特别高。

第三，脑力劳动者对蛋白质含量高的农产品需求量相对比较大。

（五）消费者的偏好和消费观念

对于消费者而言，不同的家庭、不同的消费者在有关兴趣和偏好方面都会有所不同。

如果消费者对某种食品没有足够的兴趣，即使该商品的价格没有变动，随之而来的需求量也会有所减少。例如，有的消费者喜欢吃肉，但是针对奶制品或鸡蛋来说，并不是特别喜欢；而有的消费者不喜欢吃荤菜，却非常喜爱吃素菜等。如果消费者在偏好和消费观念上对某一种农产品发生一定的变化，那么这种农产品的需求量也会受到影响，有一定的变化。

（六）消费者的文化习俗

由于不同地区、不同民族所拥有的文化传统、宗教信仰和风俗习惯各有特色，因此这些消费者在进行相关消费的时候对于农产品需求的选择也就产生了一定的影响。

除此之外，即使是同一个民族，具有不同风俗习惯的人们对于需求方式也是有所差异的。

（七）消费者对农产品未来价格的预期

在日常生活中，如果消费者觉得未来农产品的价格有持续上升的趋势，那么他们就会毫无疑问地增加对此类农产品的现实需求；相反，如果他们觉得未来农产品的价格有下降的趋势，那么对该农产品的现实需求就会相对减少。由此可见，未来农产品价格的预期对消费者对农产品的需求是有一定影响的。

（八）政府的消费政策

如果政府针对农产品价格实行提高政策，人们对农产品的需求就会相对减少，尤其是涉及日常生活必需品方面，表现得更明显一些；相反，如果政府实行低价政策或对农产品进行不同程度的补贴，消费者则会相应增加对其的需求量。

三、农产品的供给

（一）农产品供给的概念

农产品供给具体是指农产品生产经营者在一定时间内、在一定价格条件下愿意并能够出售的某种农产品的数量。

（二）农产品供给形成同时具备的两个条件

关于农产品供给在形成之后，还必须具备两个条件：

第一，生产经营者对于农产品有出售的相关考虑。

第二，生产经营者有一定的供应能力。

四、农产品供给的特殊性

（一）农产品供给的有限性

土地在农产品进行生产的过程中是最基本的生产资料，有着独特的地位，不可取代，不但如此，它还是一种稀缺资源。因此，在一定地域和一定技术的条件下，农产品的供给总量不是无限的，而是有限的，并不会随着价格的提高呈现无限增长的趋势。

（二）农产品供给的周期性

农产品的生产周期，与其他一般商品生产周期相比要长好多。农产品的生产过程，其实就是经济再生产和自然再生产交织在一起形成的过程。但是，这一过程是不能出现间断的，故而须遵从自然规律。

（三）农产品供给受自然环境的影响较大

农产品生产，就是指带有生命力的动植物进行再生产的一系列过程。有很多因素能够对动植物再生产产生相关的影响，其中包括土地、温度、光照、降水等。

（四）农产品供给受政府调控程度较大

政府对农产品相关的生产和供给合理地进行调控是十分有必要的。因为农产品的供给涉及国计民生，如果没有政府进行相关的调控，那么农产品在供给过程中出现的不稳定性，可能会波及社会，甚至造成社会的不稳定。

五、影响农产品供给的因素

影响农产品供给的因素，具体包括以下六个方面：

（一）农产品价格

关于农产品的价格，可以分为以下几种情况：

1. 农产品自身的价格

农产品自身的价格是影响农产品供给的关键因素之一。一般情况下，农产品的价格对于农民的收入有着极大的影响，不仅如此，也会对农民生产的积极性造成一定的影响，最终使农民增加或减少农产品供给。

2. 其他相关农产品的价格

（1）竞争性农产品

竞争性农产品就是在资源利用上相互竞争的农产品。在特定的资源条件下，如果有两种竞争性的农产品，当其中一种价格没有变动，另一种价格发生变化，那么就会使前一种农产品生产的供给量发生相反方向的变化。

（2）连带农产品

连带农产品就是在生产一种农产品的同时，也产生另一种农产品。当两种农产品中的其中一种价格不变，另一种的价格发生变化时，就会使前一种农产品的供给量发生相同方向的变化。

3. 农产品生产要素的价格

当农产品的生产要素价格有所上升时，农产品的生产成本也会有所增加，从而在农产品市场价格不变的情况下，利润降低，供给量减少；相反，当农产品生产要素的市场价格下降时，相应的农产品的市场成本就会减小，从而在农产品价格不变的情况下，利润上升，供给量增加。

根据上述内容来看，使农产品的供给保持稳定中有所增加的一个重要措施，就是适当地降低生产成本。

（二）农业资源及其开发利用的技术水平

从最基础的条件上来说，农产品生产的可能性需要取决于一定的农业资源，与此同时，农产品的多少也是完全取决于资源条件的优劣。也就是说，在资源既定的条件下，对生产技术进行适度提高，能够充分地对资源进行利用，使得供给在一定程度上有所增加。

在生产力水平不断得到提高的情况下，科学技术形成的影响力将会越来越大，使物质资源的效用发挥更大的作用。

（三）农产品生产者数量

农产品生产者相关的数量是一个基本且重要的因素，会对农产品的相应供给造成一定的影响。

一般来讲，农产品生产者数量和农产品供给属于一种同方向的关系。假设在其他情况不变的条件下，如果农产品生产者越多，那么相应的农产品供给数量就会越多；如果生产者数量越少，农产品供给的数量就会越少。

（四）农产品的商品化程度

农产品的商品化程度有一定的理解难度，具体是指农业生产者对于生产的农产品能够在多大程度上进行相关的出售，提供给消费者。

（五）农产品生产者对未来价格的预期

如果生产者和经营者根据对未来价格上升的预期进行一定程度上的囤积行为，那么关于本期农产品的供给数量或有所减少，而对于未来农产品的供给数量而言，会相应地增加；相反，如果生产者和经营者根据对未来价格下降的预期，那么，毫无疑问，本期农产品的供给数量会有所增加，而对于未来农产品的供给数量则会相应有所减少。

（六）政府的法令和宏观调控政策

比如在一些农业相对发达的国家，为了尽量减少农产品过剩的现象，政府会根据具体情况对生产采取相关的政策。在生产受到相关政策的限制下，农业生产者就必须按照政府下达的产量配额进行生产，不能超量生产，如此一来，也就最终使得农产品的供给相应减少。

第二节　农产品的市场与定价

一、农产品市场的概述

（一）农产品市场的组成要素

一般来说，农产品市场主要是由以下三个最为基本的要素组成。

1. 交易设施

交易设施，主要包括在进行农产品交换的过程中需要涉及的相关场所，以及相关的冷藏设备和仓库等必要设施。

2. 交易物品供给与需求

交易物品，根据其字面意思能够很好地进行理解，具体是指用于进行交换的商品，这对于卖主和买主有着不同的意义。对于卖主来讲是普通的商品——农产品，对于买主来讲是有特殊意义的商品——货币。要想实现交易，需要同时存在交易物的供给与需求。

3. 交易人

农产品交易人，也就是指专门从事农产品交易的相关当事人。具体包括生产者、消费和使用者以及中间商。

（二）农产品市场的特点

农产品市场有着属于自己独有的特点，具体表现在以下几方面：

1. 交易的产品具有生产资料和生活资料的双重性质

农产品市场上的农副产品有着不可忽略的作用。一方面，它们可以作为生产资料提供给生产单位，如在进行农业生产过程中用到的种子、种畜和饲料以及工业生产用的各种原料等。另一方面，在人们的日常生活中，农产品作为不可或缺的必需品，主要由农产品市场予以供应。

2. 具有供给的季节性和周期性

农业生产过程具有一定的季节性，农产品市场的货源往往会伴随着农业生产的季节而有相应的变动，尤其是针对一些比较鲜活的农产品，在进行采购和销售的过程中，要讲究时效性，及时性。

农业生产除了有季节性的特点，还有周期性的特点，其供给的情况会在一年之中出现淡季、旺季之分，数年之中有丰产、平产、歉产等各种情况出现。因此，在对农产品进行供应的过程中，最重要的工作就是维持均衡的供给，而维持均衡供给的前提就是把有关季节性、周期性的矛盾问题很好地解决。

3. 市场风险比较大

由于农产品具有一定的生命力，所以无法避免腐烂、霉变和病虫害等问题，尤其是在进行运输、储存、销售的过程中，特别容易造成不可想象的损失。因此，要想使这种风险有所降低，必须采取相关的应对措施，农产品市场营销必须有很好的组织，使得流通时间尽量缩短。

4. 现代市场与传统小型分散市场并存

农产品的有关生产分散性比较大，农产品在进行集中交易时具有地域性特点，通常采用集市贸易的形式，规模小而且分散。而在大中城市，则有规模较大的现代化农产品市场，如现代化的批发市场、期货市场、超级市场等。

综上所述，农产品市场所具备的这些特点，使农产品的市场营销具有自己的规律和特点。在市场营销活动中，必须要按照客观规律，自觉地指导生产经营活动，这样才会取得预期的效果。

二、农产品市场的细分

所谓农产品市场细分，就是根据农产品总体市场中不同地域的消费者在需求特点、购买行为和购买习惯等方面的差异，把农产品总体市场划分为若干个不同类型的消费者群的过程。每一个消费者群就是一个细分市场，即子市场。

（一）农产品市场细分的意义

对农产品的市场进行相关的细分，对于农产品营销有一定的益处，具体内容如下：

1. 有利于企业寻找好的市场机会，开拓新市场

通过对农产品市场进行相关的细分，有利于企业针对农产品市场的状况有效地进行深入分析和了解，对于不同消费者的购买水平和购买行为进一步探究，寻找和发现新的市场机会。

2. 有利于企业集中使用有限的资源

企业可以根据目标市场的选择，将有限的人力、物力、财力集中使用在一个或几个农产品的子市场上，有的放矢地对市场营销进行开展，这样的话，既有利于在细分市场上能够对竞争对手有一个详细的了解，也可以使本企业的优势得到充分的发挥，使得自身竞争能力有所提高，取得较好的经济效益。

3. 有利于企业有针对性地开展市场营销活动

在进行市场细分的基础上，可以从较小的细分市场入手，有针对性地开展市场营销，这样做的好处，就是市场信息能够得到及时的反馈，企业也能够轻易根据消费者的需求特点，对农产品的结构、价格等及时进行调整，从而使销售量进一步扩大，让消费者花出的每一分钱都物有所值，能带来最大的利润回报。

（二）农产品市场细分的步骤

对于农产品市场进行细分的详细步骤如下：

1．调研阶段

所谓的调研阶段，就是通过各种各样的合理方式，对于消费者的需求、动机、态度和行为进行进一步调查了解，有利于市场细分的顺利进行。

2．分析阶段

当对消费者的需求、动机、态度和行为有了详细了解之后，根据所收集来的各种资料进行适当的分析。

3．细分阶段

细分阶段，就是把调研阶段和分析阶段的所有资料综合在一起，进行适当的整合之后，再选择一定的细分变量，进一步对市场进行细分。

（三）农产品市场细分的标准

关于对农产品市场进行细分，其标准有很多种，这里列举一些最常用、最重要的几点进行说明。

1．地理因素

农业企业或农产品营销组织在对消费者市场进行细分的时候，可以根据消费者所在的地理位置适当进行。其中，采用的主要理论依据是：消费者处在不同的地理位置，相对应地对农产品也会有着不同的需要和偏好。例如，根据中国不同地区对大米的不同需求，大米市场可以被细分为东北、华北、华中、华南等子市场。

有关农产品市场细分的地理变量主要是国家、地区、气候带、地形地貌等，俗话说"一方水土养一方人""靠山吃山，靠水吃水"，其实里面都蕴含着地理位置对人们食物消费偏好的影响。

2．人口因素

构成市场最主要的因素就是人口，它与消费者有着较为密切的关系，其中包括对产品的需求、爱好、购买特点以及使用频率等。由于人口变量比其他变量更容易进行测量，所以人口因素可以作为企业细分农产品市场的一个重要标志。例如，根据年龄段可以对市场进行细分，分别为老年人市场、中年人市场、青年人市场和少年儿童市场；根据性别来分则更容易，可以分为两大市场，分别是女性市场和男性市场；根据职业的范围可以分为工人市场、农民市场、教师市场、上班族市场、家庭主妇市场等。

在以上提及的这些影响市场的变量中，相对比之下，年龄与性别变量有着较小的影响力，而影响力较大的主要是收入与受教育水平等其他诸多变量。在其他变量相同的情况下，收入与受教育水平越高，那么相对的消费者在有关营养、质量与安全方面就会特别地注重，可以根据这一特征构成质量与价格相匹配的差异性细分市场，如"有机农产品""生态农产品"对于那些收入高并偏好优质产品的消费群体就特别适合。而当公众在环境污染、生态恶化等对人体健康的影响方面较为关注的时候，"绿色农产品""清洁农产品"等细分市场会更容易吸引消费者的注意。

3. 心理因素

心理状态也是较为重要的一个因素，消费者的购买取向往往受到心理状态的直接影响。特别是生活条件不错、比较富裕的一些地方，对于人们来说，购买农产品不仅是为了使基本生活需要得到一定的满足，而在进行购买时心理因素的作用更为突出。针对这一状态，企业就可以有针对性地按照消费者的性格、爱好、生活方式等一些较为重要的变量来进行细分产品市场。所谓"萝卜青菜，各有所爱"，强调的就是心理变量对购买行为的一种深刻影响。

一般而言，对于消费者来说，他们的需求具有被诱导的特点，针对这一特点，企业就可以采取一些正当合理的措施对人们的购买欲望进行刺激，进一步促使其做出相应的购买行为。例如，针对农产品在生产过程中受到多重污染的信息和政府的相关政策措施进行频繁的公布，就会在一定程度上对消费者的意识形成足够强烈的刺激，使消费者对相关的销售方式与农产品质量的保证程度引起关注，这同时也就为超市农产品的销售提供了一个市场机会。

4. 行为因素

在农产品市场细分中，还有一个重要因素就是行为因素。在农产品相对过剩、消费者收入不断提高的市场条件下，这一因素显得更加重要、不可或缺。这类因素是根据消费者对农产品的知识及对销售形式的感应程度等来细分农产品市场的。例如，根据消费者追求的利益，可分为追求质量、经济、服务、舒适、耐用等；根据消费者的忠诚度，可分为无忠诚、一般忠诚、强烈忠诚、绝对忠诚等。

品牌效应，可以说是在行为细分变量中，对农产品消费者影响最大的因素。农产品加工市场中品牌效应作用巨大，如液态奶市场中的"蒙牛""伊利"等都有一定的消费者忠诚度，然而他们在一定程度上又有着差异，因此形成了各自的细分市场。

三、农产品目标市场的选择

（一）农产品目标市场及其条件

能够进行有效选择并进入目标市场是农产品进行细分的一个目的所在。农产品目标市场，具体是指农业企业或农产品营销组织决定进入并为其服务的农产品市场。

在对农产品目标市场进行选择的时候，一般是以市场细分作为基础，选择某一个或者几个细分市场作为具体的营销对象。但需要注意的是，并不是所有的细分市场都能作为企业的目标市场，作为目标市场是有条件的，只有条件符合才可以。一般来说，目标市场应具备以下几个条件：

1. 要有适当的规模和需求量

作为农产品的目标市场来说，应该具有以下两方面的具体内容：

（1）具有一定的规模，因为农业企业在进入一个新市场的过程中，需要相当高的成本，这就要求其应该具有一定的市场规模，如果市场规模不是特别的大，那么对于企业而言，进入市场的收益还不够弥补投资的话，这样的子市场就没有开发价值。

（2）市场上要存在一定的现实或潜在的需求量，只有有了现实或潜在的需求量，企业才有可能向市场提供相当数量的农产品，使消费需求得到满足的同时从中获取一定的利益。

2. 要有一定的购买力

当消费者具有了现实的购买力时，那些没有被满足的需求才会相应地变成现实的需求，构成一个现实的市场。所以，对于企业来说，只有进入了现实的市场以后，才能得到足够的销售收入。

因此，在对目标市场进行确定的时候，首先要对消费者的购买能力进行合理分析，只有对消费者的购买能力进行了合理的分析之后，才能明确下一步的动态，对于一些不具备购买力的市场，尽管有潜在的需求，也不能作为目标市场。

3. 未被竞争者完全控制

企业在对目标市场进行确定的时候，除了要对市场规模、需求状况和购买力进行深入研究之外，还要针对竞争对手在该市场上的经营状况进行分析和详细的掌握，尤其要对竞争对手使用的相关经营战略做出考虑。

只有该市场没有受到竞争对手的完全控制，企业才有可能进入市场后使自身的优势得到充分发挥；如果竞争者在表面上对市场进行了控制，而本企业实力相对雄厚，则依然可以设法挤进这一市场参与竞争，以竞争与协作并举，配合公关和行政等手段，力争在市场上占有一定的份额。

4. 营销者应具备相应的经营实力

作为目标市场，除了应具备上述条件外，对于企业自身的经营实力也不能过于忽视，而是应该严加考虑。只有具备了营销者的人力、物力、财力以及经营管理水平等条件时，才能将子市场进一步作为目标市场。

（二）农产品目标市场策略

企业选择的农产品生产范围有所不同，其目标市场的营销策略也有所区别，一般来说，有以下三种类型：

1. 无差异性市场营销策略

这是指企业在进行市场细分后，并没有对各子市场的特性差异进行周全的考虑，而只是对各市场需求方面的共性进行了相关的注意，把所有子市场即农产品的总体市场看作是一个大的目标市场，只生产一种农产品并制定单一的市场营销组合，力求在一定程度上适应尽可能多的顾客需求。

这种策略既有它的优点又有它的缺点，优点是：

（1）关于生产、储存、运输和销售可以大批量地进行，因而对于单位农产品的成本来说相对较低。

（2）不用进行细分市场，有着较为简单的经营方式，营销费用也相对较低。

这种策略的缺点是：

（1）对于农产品相对过剩的情况下消费者需求的多样化很难做到满足，生产者的产品相对单一，在市场需求尚未得到满足的情况下，会引来众多的竞争者，以致造成竞争过度。

（2）由于企业对于单一产品过分依赖，企业市场适应能力相对较差，市场经营风险较大。

这一策略对于粗放型的经营者来说，更为适合。

2. 差异性市场营销策略

这种策略具体是指企业针对各细分市场中消费者对农产品的不同需求，生产不同的农产品，并采用不同的营销组合，以对不同子市场的需求进行相关的适应。一般来说，从事多种经营的大型农业企业比较适用于这种策略。

差异性市场营销的优点是：可以生产多种农产品使不同的消费者需求得到相应的满

足，有利于农产品的进一步销售，使得企业的总销售量得到扩大，从而使销售收入和利润有所增加。其缺点是：生产过程较为复杂，投资较大，单位农产品成本相对较高，营销费用高。

在农产品相对过剩，特别是低质农产品过剩、优质农产品不足以及农产品销售困难的情况下，是非常有必要实施差异性市场营销策略的。

3. 集中性市场营销策略

具体是指企业集中全部的力量，只选择一个或少数几个子市场作为目标市场，对于一种较为理想的农产品进行相关的生产，实行专业化生产和营销，试图在较少的子市场上拥有较大的市场占有率。一般来说，资源条件较差的企业或农业生产者比较适宜这种策略，如开发特色农业、生产特色农产品。

集中性市场营销策略的优点是：有利于迅速占领市场，使新产品的知名度和市场占有率得到相应的提高，使营销费用有所节省，与此同时，也能获得较高的投资利润率；在消费者对该产品有了一定的信任和偏爱时，便可以乘胜追击，迅速扩大市场范围。其缺点是：市场范围较为狭窄，新产品单一，市场应变能力差。因此，面对这些不足，对于市场的动向要随时密切关注，对未来可能发生的意外情况进行充分的考虑，防患于未然。

这种策略和模式是农产品生产中普遍存在的目标市场选择模式。

（三）选择目标市场策略应考虑的因素

由于不同的目标市场策略在利弊方面也有所不同，因而对于企业来说，在对相关的策略进行采用的时候，应该根据具体情况进行综合权衡，做出正确的选择。营销者在针对目标市场策略进行选择时，必须考虑下面相关的几种因素。

1. 企业实力

在对目标市场的策略进行选择时，必须考虑的一个首要因素就是企业自身的实力。如果企业实力相对来说较强，就可采用无差异市场营销策略或者差异性市场营销策略；如果企业实力相对较弱，则应采用集中性市场营销策略。

2. 产品的市场生命周期

产品的市场生命周期在不同阶段，对于目标市场策略的选择也会有相应的影响。在投入期，市场上的产品相对较少，竞争者也相应较少，此时应该以采用无差异性营销策略或集中性营销策略为主；在成长期和成熟期，进入市场的产品就相对增多，竞争者也比较多，此时应采用差异性营销策略；进入衰退期后，为保持原有的市场，延长产品生命周期，则应以集中性营销策略为主。

3. 竞争状况

企业在对目标市场进行选择的时候，对于竞争者的情况也是需要考虑到的。通常来说，竞争者少，可采用无差异性市场营销策略；竞争者多，竞争激烈时，应选择差异性营销策略或集中性营销策略。

在农产品相对过剩的时期，由于传统的无差异性营销策略致使农产品销售困难，竞争激烈，选择差异性市场营销策略或集中性营销策略有利于缓解竞争的压力。

4. 市场特点

为消费者提供相关服务并争取顾客是企业进行选择目标市场策略的最终目的。因此，企业在对目标市场策略进行确定时，顾客购买农产品的行为特征是必须要着重考虑的因素。

在农产品市场，由于普通农产品相对过剩，顾客对优质农产品和特色农产品则有特殊的需求，此时实施差异性营销策略或集中性营销策略是较为可行的。

5. 市场营销宏观环境

一方面，国家实施的宏观政策对人们的消费行为有一定的影响；另一方面，国家政策对农产品市场的影响也是较大的。

因此，在进行目标市场策略的相关选择时，农产品市场营销的宏观环境也是需要考虑的。

四、农产品定价的目标

农产品定价的目标，实际上就是对农产品生产经营目的的具体化和数量化，确定定价策略和定价方法的重要依据主要围绕农产品定价目标进行。农产品的定价目标包括以下几种：

（一）以追求利润最大化为定价目标

利润最大化，就是指生产经营者在一定时期内可能获得的最高盈利总额。不过，需要清楚的一点是，所谓的利润最大化，要正确地去理解，不能歪曲其本意，具体是指一定时期内利润总额的最大化，而不是单位产品的利润最大化，因此通过定价追求利润最大化，并不等于制定最高价格。

对于许多经营者来说，他们为了快速地取得市场利润，往往喜欢制定高价，然而这种形式只适合在新产品刚刚推出的时候，因为推出新产品时，制定高价可以让消费者感到理所当然的物有所值。但是这个过程并不能持久，当市场竞争激烈，产品销售量下降时，就应该及时降低产品价格来吸引更多的消费者，薄利多销使盈利总额有所增加。

（二）维持或提高市场占有率为定价目标

市场占有率，其实是对营销者生产经营状况和产品竞争力状况的一个综合反映。可以这样说，生产经营者的命运取决于市场占有率的大小。因此，营销者普遍采用的定价目标就是对市场占有率进行适当的维持或提高。

为了使市场占有率能够得到适当的维持或有所提高，生产经营者需要有一定的对应策略，在较长一段时间内使价格处于一个较低的状态，面对竞争对手的进攻能够很好地进行应对，使其农产品的销售量和销售额保持一个稳步增长的状态。

实践也证明，伴随着高市场占有率的往往都是高利润。因此，扩大市场的相应占有率，从一定程度上来说，具有一定的长远意义。

（三）以适应竞争为定价目标

在有关市场竞争中，经营者在针对自己的产品进行相应的价格制定时，常常对竞争者的价格都会十分敏感。因此，也就难免会出现采用高于、低于或等同于竞争对手的价格的一些相关策略。但经营者最后究竟采用哪一种价格，往往还要取决于经营者自身的条件。

实力较弱的经营者，应该根据自身的情况制定与竞争对手相同或低于竞争对手的价格；经营者实力若是较强，同时还有扩大市场份额的想法，则在制定价格时应该低于竞争者的价格；至于那些实力雄厚，在市场上具有明显竞争优势的经营者，可以制定高于竞争者的价格。

（四）以稳定价格为定价目标

通常来说，在市场竞争和农产品供求关系比较正常的情况下，要想避免引起不合理的价格竞争，使生产始终保持一个稳定的状态，就应该采用以稳定价格为目标的定价策略，这类经营者一般在本行业中占有举足轻重的地位，左右着市场价格，其他的经营者往往采取跟随策略。

（五）以维持生存为定价目标

采用以维持生存为定价目标，通常是经营者深知自己处于不利的市场环境中，实行的一种缓兵之计，然而这种目标不是长久之计，只能是短期内的一种策略。

当然，在这一时刻，利润对经营者而言，已经不是那么重要了。这一期间，经营者会通过适当降低价格，使销售量有所保持，只要产品价格能对变动成本和部分固定成本进行相应的弥补，经营者就可以继续坚持下去，维持生存。一旦市场环境出现好转，它将立即被其他目标所取代。

（六）以树立产品形象为定价目标

产品在消费者心目中的形象，构成了生产经营者的无形资产，以树立产品形象为定价目标，经营者可以获取意想不到的效果。

在针对这一目标进行实施的时候，需要把多种营销策略与价格策略综合运用起来，使它们相互配合，这样的做法，不仅能够使价格水平与消费者对价格的预期彼此相符，而且力求使这一信息得以广泛传播，如绿色食品、保健食品等优质农产品，宜制定较高价格，树立高品质市场形象。

五、农产品定价的程序

在对定价目标有了较为合适的选择以后，就要针对各种因素进行综合考虑，对农产品市场需求、成本、市场竞争状况进行测定，最后运用科学的方法对产品价格予以确定。

（一）测定市场对该产品的需求状况

在市场对该产品的需求状况进行相关测定时，对于那些供不应求的产品，可以把定价相对调得稍高些；对于那些供需正常的产品，定价就可以稍低一些，这样才会更好地吸引需求者，使市场占有率有相应的提高。

在对市场需求进行测定的时候，进行深入细致的市场调查是必不可少的环节，正确估计价格变动对销售量的影响程度，从而为后续定价的顺利进行提供依据。

（二）测算成本

在农产品的价格构成中，定价的基础围绕成本而进行，成本所占比重是最大的。要根据成本类型，针对不同生产条件下生产成本变化情况进行全面分析，对不同营销组合下的农产品成本进行适当的估算，以此作为定价的重要依据。

（三）分析竞争者的产品与价格

了解消费者对竞争者的产品与价格的态度，是对竞争者产品与价格的最好分析。与此同时，对市场上同一产品竞争者可能做出的反应进行重点的调查分析，以及替代产品的一系列生产等情况。

（四）确定预期市场占有率

定价的方法和相关策略的选择，始终受到产品生产占有率状况的相关影响。因此，在对产品进行定价之前，必须进行全方位的调查研究，对于本企业产品的市场占有率有一个明确的确定，并根据自己的实力大小，相应地选择价格策略。

（五）选择定价方法，确定最终价格

在上述工作全部完成之后，产品价格的大致区间基本可以确定。对于产品的成本来说，它是价格的最低限，产品的上限取决于消费者的需求和竞争者的价格。然后，再对市场环境中的其他因素进一步考虑，如国家的政策法规、消费者心理的影响等，选择合适的定价方案，确定出最终价格。

六、影响农产品定价的因素

（一）产品成本

产品成本，实际上就是指生产经营者为某产品所投入和耗费的费用总和。产品成本是构成产品价格与价值的主要组成部分，所以产品成本是价格制定的下限，如果没有特别恶劣的价格竞争环境和其他情况出现，定价不会跌破成本。对于产品成本结构做到清楚地了解，有利于进一步的定价。

（二）市场供求关系

引起产品价格变化的外在主要因素是市场供求的状态。农产品市场供求与价格的关系同样遵循一般产品市场的规律。当市场上供大于求时，农产品价格就趋于下降；当市场上出现供不应求的状况时，农产品的价格就自然会上升。这一点，在蔬菜、水果方面表现尤为明显。

（三）需求价格弹性

需求价格弹性，是指单位价格变化引起的需求量的一个具体变化程度。需求量受价格变化影响大的，叫作需求价格弹性大，又称为富有弹性；反之则叫作需求价格弹性小，或称为缺乏弹性。

（四）目标投资收益率

一般而言，对于每一个生产经营者来说，他们在进行相关的经营活动时，都会有一定的利润目标去追求，这些目标通常是以投资收益率或资产收益率来评估的。

农产品生产经营者可供选择的利润目标一般有三种：长期利润目标、最大当期利润目标以及固定利润目标。

（五）消费者对产品的认知

关于消费者对产品所持有的认知价值，对他们所能接受的价格有重大影响。当他们自己对产品的认知价值较高时，较高的价格是容易被接受的；相反，价格高时，他们会拒绝接受。

想要建立好一个产品的认知价值，前期的工作是不能缺少的。经营者需要进一步做好营销工作，只有产品形象建立起来，消费者对产品的认知价值才会相应地有所提升。如寿光地区的绿色蔬菜在这方面的成功经验就很值得借鉴。

第三节　农产品营销与农业物流

一、市场营销的概述

现代市场营销概念认为，市场营销应该在企业生产产品前就必须开始，当然在这期间，做好前提工作是不能缺少的环节，这就需要对市场进行深入调查与预测，具体分析和研究消费者和顾客的需求，把企业自身具备的优势和实际情况做到一个好的结合。在有了这些基础之上，开始对产品进行相关的设计和研发，针对产品以后的营销策略予以确定，顺利地把产品销售出去，被消费者和顾客所接受。出售产品之后，整套程序还没有结束，还需要开展相关的售后服务，搜集消费者的反馈意见，以满足消费者的需求。

现代市场营销，从一定意义上来说，只能把市场看作企业生产与销售的一个出发点，而不是最终点。

二、农产品市场营销及其职能

（一）农产品市场营销的含义

农产品市场营销，具体是指农产品生产和经营的个人或组织，在农产品从农户到消费者手中，实现个人和社会需求目标的各种农产品创造和农产品交易的一系列活动。

它相比农产品营销而言，概念更为广泛，农产品市场营销要求相对严格一些。对于农产品相关的生产经营者来说，除了要对人们的现实要求进行相关的研究，对于人们对农产品的潜在需求也需要进行研究，并创造需求。

总而言之，市场需要什么，农户就生产什么，什么产品赚钱，农户就生产什么。农产品营销中的产品创造和交易活动，就是要通过市场机制，通过价格引导，使人们的需求得到满足，从而进一步使社会的需求得到满足。

（二）农产品营销的职能

农产品营销职能，归根结底就是企业在农产品营销活动中的基本任务。

1. 集货职能

集货职能，顾名思义就是指原料和商品集中的职能。由于农产品在生产的过程中分散性较大，而且距离农产品市场和加工企业的生产领域有着一定的距离，因此把农产品集中到一起，对市场交易和农产品加工都有着十分重要的意义。

2. 分级职能

由于农产品营销中的标准化得到广泛推行，也就导致农产品在收集过程中，需要经过适当的分级。从一定的意义上来说，对农产品进行分级，有一定的益处，可以促进优质优价，能够使不同层次的消费需求都得以满足，使农产品加工原料的品质、规格的标准化能够有所保证，也在一定程度上减少了农产品加工的难度。

3. 储藏职能

对于多数农产品而言，它们的生产都具有一定的季节性，而农产品的消费具有持续性，这就需要采用相关的措施，使农产品得以持续性消费。采用储藏设施和先进的储藏方法进行吞吐，可以保证农产品品质，满足人们的长期消费。

4. 加工职能

市场营销的加工职能，丰富了农产品的表现形式，例如肉食品加工，鲜肉变成零售商店里各种形式的火腿肠、肉罐头等加工品；谷物则可经过碾磨并加入其他配料制成各种糕点、饼干等。而且，加工职能在繁荣地方经济、促进农民增收、带动农户致富、转移农村剩余劳动力等方面的作用也日益明显。

5. 包装职能

商品在包装方面是特别讲究的，对于农产品而言，也不例外。适当的包装可以带来预料之外的收益。农产品进行好的包装，不但在运输过程中比较便捷，在进行消费的时候也是有一定的优势的。除此之外，包装还可以使农产品得到相应程度的保护和美化，而且可以使其大小适宜，方便使用。

在现代的营销中，包装已经不再是仅仅为了便于运输、美观和保护，从更深层的意义上来说，它能使产品的竞争力有所提高，使农产品通过包装设计形成品牌效应，刺激消费者的购买力。

6. 运输职能

运输，说到底，它的作用是使农产品的空间位置有所改变。农产品运输几乎把农产品营销系统的所有环节都连接到了一起，从农产品的集中到最终产品的消费。

7. 分销职能

分销，顾名思义，是通过不同的销售渠道和方式，将农产品分配到零售商和消费者手中的职能。农产品分销渠道由经销商、代理商、批发市场、城市销售市场、直接采购于产地的超级市场等构成。它们组成了一个完整的农产品营销网络。

分销属于农产品营销的中间环节，它与农产品的零售环节直接连接在一起。而对于零售，它是农产品流通的终端，它直接连接消费者。

8. 消费者服务职能

消费者服务职能是农产品营销职能的一个新发展。主要强调的是市场营销者对消费者的一个服务，在把农产品销售给消费者之后，市场营销者还必须为消费者提供必要的消费服务。

随着买方市场的到来，消费者服务职能日益成为农产品营销的一个重要且必然的趋势。

三、农业物流的分类

农业物流主要是生产性物流。根据农业物流的管理形式不同，可以将农业物流分为以下三个方面：

（一）农业供应物流

为了保证农业生产的持续性，使农村经济发展有所保障，对农村生产所需生产资料的物流进行供给和补充。农业供应物流，主要是指农业生产资料的采购、运输、储存、装卸搬运。

农业生产资料包括种子（种苗、种畜、种禽）、肥料、农药、兽药、饲料、地膜、农机具以及农业生产所需的其他原料、材料、燃料等，其中还包括电力资源和水利资源。

（二）农业生产物流的特点

我国农业生产物流的特点，具体如下：

第一，农户小规模进行分散生产。

第二，由于受到自然条件的制约和影响，农业生产产量不是特别的稳定，农产品品质有着很大的差异。

第三，农业生产具有一定的季节性和地域性。

（三）农业销售物流

农业销售物流，就是农产品的加工和销售行为所产生的一系列物流活动，包括收购、加工、保鲜、包装、运输、储存、配送、销售等环节。

与工业品相比，农产品的特点在于：

1. 易腐性

对于农业产品来说，属于生鲜易腐产品，寿命期较短，保鲜较为困难。

2. 笨重性

农产品的单位价值较小，数量品种较多。

3. 品质差异大

由于难以对自然条件进行控制，农业生产受到的影响极大，即使按统一标准生产的农业产品质量也会存在一定的差异。

4. 价格波动大

农产品的价格，不是特别的稳定，在一年、一个季节，甚至是一天之内也可能会有频繁、大幅度的变动。

由于上述相关的农产品特性不一，在管理上有一定的难度，因此在对农产品进行储存、运输、包装、装卸搬运、配送等也都增加了难度。

四、农业物流的范畴与分类

长期以来，农业的产出物——农产品，在农业生产经营和物流中一直属于被关注的焦点。有一种直观的理解把农业物流与农产品流通过程中的包装、运输、储存和装卸过程等同起来，然而这种理解存在一定的片面性。无论是从物流对象还是从物流服务的范畴来看，这种理解对于中国农业物流的全貌都不能做到一个很好的反映，这是因为这种理解在某种程度上忽视了农业的投入物——农业生产资料的相关物流。

（一）根据农业物流的流体对象分类

根据农业物流的流体对象，农业物流可以大致分为两大类。

1. 农业生产资料物流

农业生产资料物流是农业生产过程所必需的农业生产资料的生产、储运、配送、分销和信息活动中所形成的物流。它是以农业生产投入物为对象的物流，涉及种苗、饲料、肥料、地膜等农用物资和农机具的生产与物流规划、农业生产资料使用和市场的信息服务。

2. 农产品物流

农产品物流是以农业产出物为对象形成的物流，根据农产品的分类又包括：粮食作物物流；经济作物物流；畜牧产品物流；水产品物流和林业产品物流。

农业物流是以满足顾客需求为目标，对农业生产资料与产出物及其相关服务和信息，从起源地到消费地有效率、有效益的流动和储存进行计划、执行和控制的全过程。

（二）根据农业生产过程的主要阶段和物质转化分类

根据农业生产过程的主要阶段和物质转化，农业物流应分为四种类型。

1. 农业产前物流

农业产前物流与农业生产过程所必需的农业生产资料准备直接相关，它是在农业生产资料的生产、储运、配送、分销和信息活动中所形成的物流。主要涉及种苗、饲料、肥料、地膜等农用物资和农机具的产前准备，也涉及农业生产资料使用和市场的信息服务。

2. 农业生产物流

农业生产物流是在农产品种植养殖活动直到农产品产出过程中，因生产要素配置和运用而形成的物流。由于中国农业生产是以一家一户的小生产形式为主，所以一般农业生产物流的地域有限，物流单一，流量较小。

3. 农产品流通物流

农产品流通物流是以农业产出物为对象，通过农产品产后加工、包装、储存、运输和配送等物流环节，使农产品保值增值，最终送到消费者的手中。

由于农产品本身的特质，以及产销地域广阔分散的特点，所以针对农产品物流规划、方式和手段，要求相对较高，农产品流通物流是目前农产品实现市场价值的关键环节。

4. 农业废弃物物流

农业废弃物物流，就是在农业进行生产和农产品流通直到消费的一系列过程中，对产生的废弃物、无用物和可回收物的相关处理过程。

五、中国农业物流的基本特征

（一）农业物流涉及面广量大

农业物流的流体包括农业生产资料和农业的产出物，基本涵盖了种苗、饲料、肥料、地膜等农用物资和农机具，以及种植业、养殖业、畜牧业和林业等，物流节点相对较多，在结构上比较复杂。

（二）农业物流具有独立性和专属性

由于流体——农业生产资料和农产品的生化特性，使其与一般物流的流体有一定的区别，所以农业物流系统及储运条件、技术手段、流通加工和包装方式都具有自身的独立性，而有关于农业物流的设施、设备和运输工具也具有一定的专属性。因此，处于起步阶段的中国农业物流所需投入大，发展较为缓慢。

（三）保值是中国农业物流发展的核心

由于中国农业物流的发展水平相对较低，每年农产品在物流和流通环节的损耗巨大，因此对于农业物流的流体与载体等其他要素进行匹配、运用物流技术使农产品在物流过程中有效保值，是当前相比农业物流增值而言更为重要的一个核心问题。减少农产品物流和流通损失应该放在与农业生产同等重要的地位。

第五章　农村金融

第一节　新农村建设与农村金融

农村金融是构成一个国家宏观金融体系的重要组成部分。基于"经济决定金融，金融反作用于经济"这一理论，一个国家农村金融的发达程度是由该国农村经济发展情况所决定的，同时农村金融状况的好坏在很大程度上影响着农村经济发展的速度。

一、新农村建设与农村金融的关系

农村金融是我国金融体系的重要组成部分，是建设社会主义新农村的重要条件，是支持服务"三农"的重要力量，在"三农"发展、新农村建设进程中，财政对农业基础设施和农村公益事业的投入固然重要，但广大农业企业和农户新需的生产经营资金仍主要依靠农村金融支持。

农业、农村、农民问题，也称"三农"问题，是决定着我国现代化进程的一个关键问题，同时，也是关系到党和国家工作全局的一个根本性问题。农业是国家自立和工业发展的牢固基础和支持，没有农村的稳定和全面进步，就不可能有整个社会的稳定和全面进步；没有农民的小康，也就不可能有全国人民的小康。农业丰厚，基础就牢固；农村稳定，社会就安定；农民富裕，国家就昌盛。

尽管自中华人民共和国成立以来，我国一直在强调农业是国民经济的基础，并且从改革开放以来，一直在强调农村改革的重要性，特别是近年来更是将"三农"工作作为全党工作的重中之重，强调统筹城乡发展的重要性。但就现实来看，农村建设远未取得与城市建设同等的地位，未引起全社会的高度重视和关注。

当前，"三农"问题已经成为影响我国全面发展的重大问题，要想国家的经济稳定，前提是农业必须稳定；要想国家真正发展，前提是农村必须发展；要想国家持久繁荣，农民就必须首先富裕。因此，只有全国农民都加入到现代化进程中来，才能使国民经济全局稳定并充满活力，实现国家长期持续发展；只有广大农村地区显著改变现状，才能实现更大覆盖面、更高水准的社会发展。

要想解决"三农"问题，必须加强新农村建设，加强新农村建设需要农村金融的资金支持。农村金融离不开新农村建设,新农村建设对农村金融有决定性的作用。

农村生产力水平的发展程度和农村商品经济的成熟程度决定了农村金融规模的完善程度和发展程度。在一些经济相对成熟和发达的国家和地区,经济发展水平相对较高,因此在农业生产中机械化程度和科技含量相对较高,管理体制和制度相对完善,以大型农场为主要经营模式。因此,在生产过程中所需要的资金量较大,不能仅靠政策性金融提供的资金来满足正常需求。在经济欠发达的国家和地区,农业生产相对分散,主要以个体农户为单位,机械使用率较低,管理相对松散。在这种情况下,生产者在生产中所需要的资金量相对较少。

农业生产和农村经济效益的提高对于农村金融效益的提高具有根本性的决定作用。伴随着农业体制的改革,传统农业逐步被现代农业所替代,农业生产经营活动的效益也在不断地提高。在相对发达的国家和地区,农业生产多以机械代替人力,劳动效率普遍较高,同时现代科学技术在农业产业中的广泛应用以及配套的保险产品和国家的大量补贴,使得农业和工商业的经济效益相差并不大。而在经济欠发达的国家和地区,农业生产主要靠人力,因此农业经营效益与工商业经营效益的差距很大。

农村经济在不同发展阶段对资金的需求状况给农村金融发展的趋势和发展提供了重要的现实依据。农业生产者进行农业生产投资时,产生的资金缺口决定农村金融所面临的市场规模,以及需要提供什么类型和特点的金融产品才能满足这个市场。

农村经济基础对农村金融市场起着决定性作用,即经济基础决定着上层建筑,市场需求决定着市场供给。因此,新农村建设对农村金融也有着关键性的作用,只有加强新农村建设,打好经济基础,才能有利于农村金融体系的建立及完善。农村金融也影响着新农村建设。

虽然农村金融的建立和发展面临着巨大的挑战,但农村金融在农业经济生活中的重要性也不容忽视,它是农村经济得以顺利进行的重要支柱。在新农村建设中起到举足轻重、不可或缺的作用,给新农村建设以强大的保障。

农村金融健康良好的发展为农村经济的发展提供大量的资金支持。随着新农村建设的推进,农业生产和农村经济活动的广泛开展,无论从农村基础设施的建设,到扩大农业生产规模,再到提高科学技术含量等各方面都离不开农村金融提供的充足的资金支持。

农村金融在农村经济活动中处于主导地位:在新农村建设的任何环节,如果缺乏了资金的供应或资金周转缓慢,都会对其发展进程和实际实施效果产生或轻或重的影响。同时农村货币的流通稳定性,可以影响到农村商品流通的稳定性,因为资金流通速率和流通中商品的总价值之间的合理调配,会极大地影响农业产品的价格、农业人口的收入以及新农村建设的成效。

二、新农村建设的可持续发展

土地是农民赖以生存的资源，它关系着广大农民的切身利益，是农业发展的基础生产资料，是农民的生存之本。同时也关系着国家的粮食安全，国家必须要确保耕地 18 亿亩的红线，才能保证国家的粮食安全。但近些年来，工业化和城镇化的推进，给农村发展带来了新的机遇，农民可以选择更多的从事农业生产以外的工作，收入有了明显的增加，农村的面貌也随之发生了巨大的改变。在看到经济效益的同时，一些矛盾和问题也应该引起我们足够的重视，特别是土地问题，如果解决不好就会成为阻碍我国经济发展的因素。

（一）当今农村，应高度关注土地资源中的一些问题

1. 土地闲置废耕、非法转让和出卖现象日渐上升

工业化和城镇化的快速发展，使城乡之间的差别越来越大，农民进城务工的工资也大幅度上涨，而农产品价格却始终处于低位，再加上农业生产的周期性和不稳定性，使得外出务工可以带来比土地耕作更多的经济收入，于是许多农民选择离开土地而进城务工，劳动力外流致使大量的土地闲置无人耕种。由于农田长期闲置，使得肥沃的土地变得贫瘠，土地荒废逐渐增加。我国人口众多，虽然土地面积广大，但是人均土地面积远远低于世界人均土地面积，因而我国属于资源匮乏的国家，土地闲置现象的大量增加直接影响到全社会的稳定和国民经济的发展。此外，很多农民在外出务工时也会把土地转包或者出租给企业开发商。而其转让、出租的行为大多没有经过土地管理部门的认可，有些甚至等同于直接出卖其耕作土地。非法转让和出卖农村土地不但破坏了可以进行农业生产的土壤，还使原本短缺的农用土地资源更加紧张，使国家的利益受到损害。

2. 农村土地缺乏合理规划与整合，土地利用率低

由于农村居住人群分散，村民建房没有统一规划，占用土地面积大；农村的基础设施建设和农田规划也缺乏合理性，比如在农村道路的修建中，过度占用土质比较优越的大量农田，使农村的田地被进一步的浪费。土地缺乏有效整合，在农村中随意改变土地使用类型的现象还比较严重，一些人看重眼前利益，在耕地上建房、种树，严重蚕食了有限的耕地。此外，在农作物种植方面还缺乏优化选择，农户缺乏科学合理的方法指导，造成耕地的生产率下降，制约了土地的有效利用。

3. 土地权益纠纷的问题逐渐增多

农村人口变动使土地分配出现有失公平的情况，同时闲置土地的非法流转使农民围绕土地使用权的问题产生了诸多的矛盾和冲突，这些矛盾和冲突大致可以分为以下几种：由

于农村村委会对土地违法收回以及分配不公造成的农民和村委会间的矛盾；农民私下不规范转让、划界不清和宅基地继承分配不均等问题产生的农民和农民间的矛盾；非法强制征用土地，强行改变土地用途产生的农民和有关部门间的矛盾。这些不断涌现出的土地纠纷问题，影响了土地的长期投资和经营规模，降低了土地带来的收益。甚至在个别地区，由于调节处理机制不完善，出现了大规模上访事件。

（二）针对这些问题，应确立合理有效的体制并采取一些处理措施

1. 对土地法规进行不断完善，健全相关法律体系

基于我国特定的社会政治经济条件，要实现土地资源市场化配置，需要得到政策的支持和保护，更需要得到法律的保障。政府应加大支持和保护力度，健全我国相关法律法规体系。一是要进一步提高对加快农村土地资源配置市场化重要性的思想认识，积极推动和正确引导农村土地资源配置市场化的实现。二是要加强土地使用权立法，构筑新的法律体系来维护我国土地使用权的正常流转，促使农村土地使用权配置向市场化健康发展。三是要制定和完善农村土地制度、农村土地市场交易规则等方面的法律法规，以规范农民对土地资源的支配方式及行为，并保护其合法权益。

2. 对耕地合理规划科学管理，提高土地利用率

要以科学合理的方法，对农村土地进行利用和规划，按照控制总量、合理布局、节约用地、保护耕地的原则，完善土地利用法规建设，控制土地利用的整体程序，规范耕地面积的调整与规划，同时要严格落实，经常进行检查。对耕地要统一规划、合理分类，对不同的土地选择相适宜的农作物进行耕种，做到优化配置，以获取最高经济效益为目的，优化土地用途，提高土地使用率。

3. 对生产方式进行合理改善，提高土地生产收益

粮食危机成为全球关注的一个重大问题，我们国家在农业生产方面要引起重视。因此，必须采取多种渠道对耕作方式进行合理改变，提高农产品产量，提高农民收入水平，增强农民种地的积极性。一是政府需要出台相关的政策，做好管理和指引。政府应加大对农业基础设施改造的投资力度，完善基本农田保护制度，对愿意从事农业生产规模化、机械化的个人或者企业进行政策上的支持，例如为其提供农业生产的必需品，对农产品的运输等给予相应的支持。二是要加大政府补贴，以减轻农民的沉重负担。国家可以拿出一部分经费来租种农户撂荒的土地，安排专人进行统一化耕种和管理；同时，根据各地的实际情况，进行土地耕作的探索创新，高效利用土地。这样做，不但可以让农民切身地感受到实惠，同时也避免了农民因私自非法出让土地造成国家的损失。三是推广农民股份制，实

行以土地使用权或承包权为主力股的联合经营。既可以提高农民在土地经营中的抵抗风险的能力，大力提高土地资源的利用率，也能把农村的分散资金集合起来，以小合大，促进农村的规模化生产。

4. 对土地资源加强管理监督，规范土地流动转让

面对农村土地资源撂荒和使用效率太低的现状，除了从科技含量和经营理念方面着手提高之外，探索新形势下的农村土地资源开发利用的管理监督制度也刻不容缓。面对土地利用效率低下的情况，采取鼓励合法转让，实行各种公正、公平、公开的方式承包给有能力提高土地利用效率的单位和个人，并鼓励农民以闲置的土地入股，走规模化集约型的经营道路，促进农业生产可以达到效益最大化。同时在鼓励探索新方法的过程中，一定要保障监督检查的力度，防止以权谋私、乱批乱占、中饱私囊的现象产生。具体来说，应该加强基层农村委员会的监督，明确权利义务范畴，涉及重大土地承包经营策划时必须采取民主集体协商，经营项目所得收入及其分配制度需要做到公平、公正、公开的通报。同时，上级主管部门要建立土地使用市场监管机构，明确其权利和责任。要完善土地使用价格评估体系，综合土地资源的各种现实条件和国家土地政策，制定出科学完善的土地使用价格体系，作为大规模的土地使用权流转的参考依据。地方各级相关部门需要积极主动加强与相关各个部门之间的交流和协调，完善协作和配合，健全各种协商、调节机制，切实保护好农民在土地资源使用上的合法权益。

5. 对土地流转模式不断创新，建立有序高效机制

随着经济社会环境的转变，农民的观念也随之改变，政府的管理理念也必须为适应新形势而做出改变。农村土地流转需要建立和完善农村土地所有权市场制度。一是政府需要规范和完善征地的申请和审批制度，确立合理的"转用价格"以保证农民的切身利益，在加强监督和管理的同时，需要适度放开和搞活农村土地所有权市场，建立各方之间的多向流动关系，扶植起合法、完善的土地产权及使用权交易中介组织。二是土地流转在坚持不改变土地集体所有制、不改变土地用途、不损害农民土地承包权益的重大原则下，积极尝试各种土地合作方式，改变非法交易的状况，减少不规范的操作，探索出一条由政府宏观调控的土地流转模式。比如，加强信息服务及中介机构的建设，提供土地政策法规，集中收集农民土地流转信息，及时公布和提供土地供求信息、土地交易行情及结果，并按一定的规则进行交易和签订相关合同，避免土地私下交易造成的混乱状态，使农村土地流转可以有序、公平地进行。

（三）农村劳动力资源的现状和特点

劳动力是指具有劳动生产能力的人类个体，是人在生产劳动中所能付出的体力和脑力

的总和。根据我国劳动就业制度规定，男性 18 周岁到 60 周岁，女性 18 周岁到 55 周岁，都是劳动力资源。农村劳动力是新农村建设中最主要的资源。农村劳动力资源是指农村中具有劳动能力，同时可以从事劳动生产的人口的总和。

1. 农村劳动力资源的现状

自改革开放以来，城乡居民的就业方式发生着巨大的转变，更多具有较高文化素质的青壮年劳动力离开农村进城务工，导致了农村不断流失高质量的劳动力，使得从事农业生产的农村劳动力的整体素质进一步下降。农村劳动力的转移虽然从一定程度上缓解了农村庞大的劳动力数量带来的就业压力，但也同时带来了新的问题，在留守人员中，多以女性和老年人为主要劳动力，整体劳动力结构极其不利于新农村建设的快速发展。

2. 农村劳动力资源的特点

根据以上农村劳动力资源的现状，我们可以总结出农村劳动力资源具有以下几个特点：

第一，劳动力是一种主体能动性资源，既是在生产建设工程中被开发和利用的客体，同时又是在生产建设中开发和利用其他资源的主体。

第二，劳动力是一种动态资源，其作用于生产建设的劳动时间不但与其主体的生命周期相关联，同时也与其主体从事劳动生产活动的意愿相关联。

第三，劳动力是一种双重性质的资源，农村劳动力是农村经济活动的从事者，是新农村的创造者，农村的财富靠农村劳动力来创造；同时，农村劳动力也是农村经济生产成果的消费者。因此合理地开发农村劳动力资源的创造性和消费性，有利于农村经济的良性循环。反之，两者之间开发利用的不合理会造成经济增长的负担，诱发社会的不稳定。

第四，劳动力是一种智力因素可塑性很强的资源，智力因素对于农业经济发展和新农村的建设都起到了重要的作用。农村劳动力普遍接受教育程度不高，因此具有很大的可塑空间，加大农村劳动力的文化教育培养力度，提高农村劳动力的教育文化程度，对于新农村建设具有积极而深远的影响。

总而言之，新农村的建设离不开农村的劳动力，广大农民是新农村的主要建设者。不断地提高农村劳动力的素质，优化农村劳动力资源的配置，从现实出发，深入剖析问题的根源，找出合理解决问题的方式，就可以把农村劳动力巨大的数量压力转化为劳动力资源优势，使其成为推动我国新农村建设的强大动力。农村中的经营形式伴随着改革开放和市场经济的深入发展，在发展多种经济成分的同时，农村中也发展出了多种经营形式。主要的经营形式有：

第一，双层经营。其基础层次为联产承包，以家庭经营为单位；其统一层次为专业组织，为家庭经营提供社会化服务。该经营方式突破了过去单一的集体经营模式，促使集体财产与农民自有财产相结合，相互作用发展新的生产力，使得群体和个体的积极性都可以得到充分发挥。

第二，承包经营。这种经营形式是由承包者向资产所有者支付一定的承包款，在合同条款约定的范围内，所有者对承包者的生产经营活动不再进行干预，使得承包者具有了生产经营的自主权。

第三，股份制经营。这种经营形式是在不改变生产资料所有权的前提下，以发行股票或债券的形式筹集资金、组合生产要素来组织物质生产和流通的经营形式。农产品市场化的发展，是产生股份合作制的根本动力。这种经营模式反映了所有者、经营者和劳动者经济利益的一致性，通过股份制的经营方式，使得三者的切身利益与企业经营的好坏紧密相连。因此股份制经营具有强大的凝聚力和广泛的适应力。如今很多农村的经济联合体都采用了这样的经营形式。

第四，租赁经营。这种经营形式是把企业或者企业的部分生产资料的所有权和经营权，以租赁的形式，实行有阶段有限制的分离。在农村经济体制改革的过程中，一些连年亏损、经营不善的企业，甚至能盈利的企业以租赁的形式交由他人经营。这不仅是存在于二、三产业的一种经营形式，同时也是对于土地承包制的一种补充。

第五，合伙经营。这种经营形式是由两人以上对约定的项目共同出资，实行联合经营。其具有合作经济的因素，是个体经济向合作经济的过渡形式。

第六，家庭经营。我国现今实行的家庭经营模式是从合作经济中分解出来的，又引入合作经济轨道的经营形式。我国农业生产的主要基层单位为家庭，家庭独立核算，自负盈亏，是相对独立的商品生产者。自身需要承担生产风险的同时还需承担市场风险。在市场经济体系下，需要对家庭经营的产前和产后多方面提供社会化服务，同时家庭经营正在由单一经营向综合经营发展，由原本的农业土地经营向二、三产业发展，经营范围逐步拓宽。

第七，产业化经营。这种经营方式是以市场的需求为导向，以经济效益为中心，以资源开发利用为基础，对农村的主导产业和重点产品，按照产供销、种养加、贸工农、经科教的要求，实行优化组合发展一体化、专业化、区域化的经营体系。

农业是国民经济的基础，农业发展是关系我国经济发展的重要问题。发展现代农业是推进社会主义新农村建设的着力点和首要任务。而发展现代农业，推进新农村建设，不断发展多种经济成分和经营形式，离不开农村金融的支持，同时也促进了农村金融的完善和发展。

第二节　农村金融与农村资金运动

农村资金是在农村再生产过程中，通过不断的资金运动，保证和增加自身价值的资金。从广义上来看，中国农村资金既包括货币资金，又包括实物资金；从资金流向来看，既有资金的流入，又有资金的流出；从资金的供求主体来看，既包括农户、农村中小企业等，又包括农村金融机构和政府机构等。

农村资金根据不同的分类标准可分为不同的类型。根据在生产活动中存在形态不同，可以分成货币资金、生产资金和商品资金；按照流转的周期不同，可分为固定资金和流动资金；根据来源的不同，可以分为自有资金、财政资金和信贷资金。

一、农村资金的来源与运用

（一）农业资金的来源

农村中的每个生产经营单位，由于组织形式、经营方式、管理规模等各方面的差异，获得资金的渠道是不同的。但从总体上来说，可以概括为三个来源：自有资金、财政资金和信贷资金。

1. 自有资金

自有资金主要依靠各单位的内部聚集，包括国有企业、集体经济组织和企业、农户和所办企业的自有资金。改革开放以来，我国农村实行以家庭联产承包责任制为基础的双层经营，农户拥有的自有资金是资金的主要来源，且其所占比重较大。

2. 财政资金

财政资金包括财政预算对农村的拨款、各级地方政府及农业主管部门筹集用于农村的投资。该资金主要用于支援农村生产、农业开发，作为农林等部门的日常维护费用，支援不发达地区的农林水气基础设施建设、农林水气科技的研发等。

3. 信贷资金

总的来讲，信贷资金是农村资金的重要来源。为农村提供信贷资金的金融机构主要有农村信用社、中国农业银行、中国农业发展银行、中国人民银行、中国邮政储蓄银行、村镇银行、贷款公司等。近年来，农村信用社作为重要机构，一直是农村信贷资金的主要提供者。中国农业银行把支持农业产业化经营作为支农工作的重点，同时还承担了扶贫贷款、以电网改造为重点的农村基础设施建设贷款和农村城镇化贷款业务。中国人民银行通过再贷款等措施不断加大对农村金融机构的投入。此外，中央和地方财政通过财政补贴、停息挂账、减免税收等措施，间接增加了农村信贷资金。由于我国的特殊国情，现有的正规金融体系仍难以满足农户的贷款要求，因此，以民间借贷方式筹集的资金也占有相当大的比重。

（二）农村资金的运用

农村资金的运用，是农村生产经营单位的资金存在形式。由各种资金来源渠道形成的资金，进入生产过程后按照其周转的特点，可分为固定资金和流动资金两种运用形式。

1. 固定资金

固定资金是指垫支在劳动手段上的资金，它的实物形态是固定资产，如厂房、机器设备等，它在参加很多次生产过程后才完成其一次周转。

农村固定资金的特点有以下两个方面：一是价值相对较小。农村农业中机械化程度比较低，人力畜力所占的比重还较大，固定资产少，价值不高；农村工业中的有机构成一般也低于城市，多为劳动密集型行业，这是农村就地发展工业的优势之一。二是牲畜既可作为固定资产，也可作为流动资产。牲畜既可以在生产过程中执行劳动手段职能，如养牛耕地；也可执行劳动对象的职能，如养牛卖肉。

2. 流动资金

流动资金是指垫支在劳动对象、工资及流通费用等方面的资金。流动资金的实物形态是流动资产，如原材料、燃料、库存成品等。流动资金每参加一次生产过程，就完成一次周转，在农村家庭式经营中，流动资金既可用于生产垫支，也可用于农户内部的生活消费，不易划清，必须加以正确引导。

（三）农村资金运动的特点

研究农村资金运动，也是研究农村资金的周转循环，这是研究农村信用关系的出发点。改革开放前，我国农村经济处于相对不发达的状态，农村的非农业生产并不发达，农业是农村经济的主体。在这个阶段农村资金运行与农村生产过程相对应，具有季节性、缓慢性的特点。

1. 季节性特点

农业生产以动植物培育为主，受天气、季节影响较大，谷物一般都有相应的种植季节和收获季节，因此在收获季节前，资金比较紧张，贷款需求量相对较大。而到农作物收成后，又会有大量资金回流，可以归还贷款，从而使农村资金的运动表现出明显的季节性。

2. 缓慢性特点

在动植物生长过程中，除人类劳动时间外，还需要有一段自然生长时间，而且这段生产时间的长短目前人力还不能完全控制。这就使得农业资金运动的周期要比工商业长，农业资金的积累也比较缓慢，并且贷款的期限都比较长。

随着我国农业经济水平的不断提高，农村产业结构也发生了显著变化。一些农村地区的非农产业比较发达，农业比重逐年减少，相应的，农村资金运动也呈现出新的变化，具有了一些新的特点。

第一，资金的来源与运用呈现多元化发展趋势。从产业结构角度看，之前的农村资金是源于农业、用于农业，而现今已经转变为源于各行业、用于各行业。从经营方式角度看，之前农业中的资金来源与运用是以集体经济为主，而现今已转向以农户家庭经营为主。对此，必须对农村资金进行统筹安排、合理分配。

第二，农村经济对资金的依赖性增强。农村商品经济的发展，致使农村经济的发展速度及规模较大的依赖于资金的投入规模，因而农村经济的发展对资金的需求越来越大的同时，依赖性也越来越强。所以需要对农村资金的融通加强重视。

第三，资金运动的空间范围扩大。改革开放前，农村以农业为主，农业又以种植为主，农村资金运动相当局限。改革开放后，商品生产和流通得以在更广的规模和范围内进行，农村资金运动的空间开阔，流动性增强。因此，为了在更大范围内配置农村资金，虽然增加了资金管理的难度和风险，但有利于提高资金的配置效率。

第四，资金运动的风险性增加，营利性增强。计划经济时期，农村的农业生产只有自然风险，没有市场风险。改革开放后，不仅非农产业的发展具有市场风险，而且农业生产经营也具有市场风险。但农户还不太适应市场经济，大部分农民的经营水平较低。同时，信息不灵，交通不便，加之社会经济秩序不好，导致农村资金运动的风险性增大。

第五，资金运动的季节性减弱。农村非农产业的发展使农村资金运动的季节性大为减弱，这一点在经济发达地区的农村表现得尤为突出。同时，由于农业内部的生产结构、产品结构趋于合理化，这在一定程度上有助于农村资金供求矛盾的缓解。但由于农业生产、农村消费的季节性特点不能完全消除，相应的农村资金运动季节性问题仍需得到重视。

（四）农村资金当前的流转情况

农户、农村中小企业和城市工商业是农村资金主要的流向。

农村资金的来源主要是农村居民、农村的经济组织和农村中小企业暂时闲置的货币资金，还包括学校等事业单位获得的临时闲置的由财政集中拨付、分期使用的资金，以及中央银行对农村金融机构的再贷款等。

从我国的现实情况来看，具有真正意义上的直接融资的发展时间并不是很长，从直接融资的角度来说，农村的资金主要是流向农户和农村中小企业，作为农户的生活、生产资金以及企业的生产资金。

在我国，融资的主要方式仍然还是间接融资，而间接融资中的资金流向是复杂多样的，中国农业银行、中国工商银行等一些国有商业银行，邮政储蓄银行在相关区域内的机构网点、农村信用社以及村镇银行是吸收农村正规资金的主要金融机构。现如今，几家国有商业银行已经大量减少农村贷款的发放数额，将资金大部分转到城市，并且农业银行在农村的资金投放也在逐步减少。邮政储蓄机构由其特殊的性质所限定，只是吸收存款，然后资金转给人民银行，它是不发放贷款的。由农村民间金融部门吸收的资金主要提供给农民个人和农村私营经济部门，因此这也同属资金在农村内部的循环。从我国的经济体制看，由于政策导向的作用，以及工业化发展初期的客观需要，资金会由农村流向城市，同时农业支持工业发展。而农村资金过分外流，则在很大程度上影响了农村经济的发展。

二、农村信贷资金的供求

（一）农村信贷资金的需求

农村信贷资金包括农户、农村企业以及农村公共事业的需求。农户和农村企业两类主体的信贷资金的需求是农村金融市场上最基本、最活跃的，也是具有中国农村金融特色的。我国公共事业经营管理机制改革以来，财政在农村基础设施和社会事业设施方面的投入比例逐渐变小，农村对公共事业基础设施投入的资金需要依靠金融市场解决，这方面的融资需求日益迫切，对新农村建设的意义重大。

随着农村市场经济的不断发展，农户的经济行为日益活跃，当前和潜在的农户资金需求总量相当巨大。我国农户具有双重身份，既是独立的生产实体，又是基本的消费单元，因此农户对信贷资金的需求主要集中在生产和生活需求两个方面。

农村企业大部分是中小型企业，为农村增加就业和经济增长做出的贡献显著。由于我国农村工业化进程尚处于起步阶段，农村企业大多属于发育成长期的小企业，而且个体和私营企业占了多数，主要是从事农产品的生产、加工和流通，以及与农民生活密切相关的建材业。然而目前农村企业普遍面临资金短缺问题，并且农村企业是立足于当地资源而由乡村投资发展起来的，生产的是面向市场的资源产品，基本处于完全竞争状态。在这样的情形下，因为市场供需的不确定性较大，信息不够对称，造成农村企业经营的风险较大，所以农村金融机构对其发放贷款特别谨慎，使得农村企业所面临的资金短缺问题一直较为突出。

农村的公共事业体系对资金的需求主要表现在农村文化教育和农村医疗卫生建设两个方面。农村文化教育、医疗卫生、社会保障、社会救助等公共服务设施和服务体系的建设，都需要大量、充分的资金。而在农村基础设施建设中，农业现代化基础设施和城镇化建设对金融的需求已经越来越明显。

不同类型的需求主体，其信贷需求的特征、满足信贷需求来源以及信贷需求的手段与要求是不同的。具体来说，中国农村信贷需求结构主要体现为：

作为信贷需求主体的农户，包括贫困户、温饱型农户和市场型农户。贫困户的信贷需求特征表现为生产开支，信贷供给来源主要为民间小额信贷、小额商业信贷、政策性扶贫贷款等；温饱型农户的信贷需求特征表现为种养生产，信贷供给来源主要为民间信贷、小额商业贷款、信用贷款等；市场型农户的信贷需求特征表现为专业化规模生产，信贷供给来源主要为自有资金或商业信贷。

作为信贷需求主体的农村企业，包括资源型小企业、具有一定规模的企业和龙头企业。资源型小企业的信贷需求特征表现为启动市场、扩大规模，信贷供给来源主要为自有资金、民间信贷、商业信贷和政策金融等；具有一定规模的企业的信贷需求特征表现为生产贷款，信贷供给来源主要为自有资金和商业信贷；发育初期的龙头企业的信贷需求特征表现为扩大规模，信贷供给来源主要为商业信贷、风险投资、政策金融资金；成熟期的龙头企业的信贷需求特征表现为规模化生产，信贷供给来源主要为商业信贷。

农村基层政府的信贷需求特征为基础设施建设、提供公共产品，信贷供给来源主要为财政预算和政策金融。

（二）农村信贷资金的供应

金融资源是经济发展的"血液"，经济发展离不开金融的支持。农村金融资源的供给必须适应农村经济发展对金融的需求，我国农村信贷资金供给主体可以分为正规金融机构和非正规金融机构。农村正规金融机构又分为政策性、商业性、农村合作和新型农村等；非正规金融是相对于正式金融机构而言的，泛指不通过正式金融机构的其他金融形式及活动，包括农户、民间的金融活动和各类非正式金融组织的金融活动。

1. 农村正规金融机构信贷资金的供应

我国目前主要的农村合作金融机构是农村信用社。农村信用社是目前农村金融市场中最大的供给主体，机构基本覆盖了全国的各个村镇，其主要职责是为农民、农业和农村经济发展提供金融服务，主要业务为提供储蓄、抵押类贷款和小额信用贷款等。

新型农村金融机构应运而生。小额贷款公司主要以经营小额贷款为主，是不吸收公众存款的有限责任公司或股份有限公司。村镇银行主要为当地农民、农业和农村经济发展提供金融服务。农村资金互助社经银行业监督管理机构批准，由乡（镇）、行政村农民和农村小企业自愿入股组成，为社员提供存款、贷款、结算等服务。

2. 农村非正规金融机构信贷资金的供应

农村非正规金融供给的产生具有悠久的历史，随着农村经济社会的发展，存在的形式也不断演进，既有助于满足融资困境中的农户对资金的需求，还可进一步推动正规金融深化改革。

非正规金融组织形式源远流长。各种互助会（或简称"合会"）、私人钱庄、集资、储贷协会、基金会、典当行等，都是民间金融组织的变体。互助会具有储蓄和互助保险的性质，主要融资功能是用于日常消费资金的融通余缺，它在我国农村比较普遍。私人钱庄具有储蓄和贷款的功能，甚至可以办理很多汇兑业务，规模一般也较大，它在一些经济发达地区较为普遍。储贷协会和基金会在我国农村也较为普遍，它们经营的方式比较灵活，办理业务的手续比较方便、简单、快捷，经营成本也比较低，曾一度是农村经济发展的主要融资渠道之一。典当行作为古老的民间金融形式，具有短期抵押贷款的性质，它的主要功能是进行短期资金的融通。

（三）农村信贷资金供求的现实考察

我国农村信贷资金供求处于非均衡状态，即需求旺盛但供给短缺，信贷供求矛盾异常突出。其结果是民间借贷融资顺势而发，借贷资金价格持续走高，融资成本增大，制约农村经济发展。

我国农村信贷资金供求矛盾尖锐，主要表现在以下四个方面：

1. 农业信贷供给与农业在国民经济中的地位还不相称

农村中小企业信贷比重低与农业产业化经营要求不相称。农村金融机构信贷资金投入相对较少，且多集中于少数国家级龙头企业。相对而言，众多中小型农村企业信贷投入比例很低，严重制约其发展壮大。

2. 农业信贷结构与农业产业结构调整还不相符

随着我国农业结构调整的步伐不断加快，传统种植业在农业中的份额逐步减少，而非传统的种植业，比如畜牧业、水产业、蔬菜业等所占份额逐年上升。而且以乡镇企业为代表的非农产业发展迅速，技术改造和规模扩张的资金需求量加大。可是，在农村，农业信贷结构却没有及时进行调整，缺乏创新模式，贷款投放的局限性还比较大，贷款的品种也只是短期的流动资金，因此，难以达到适应新型农业金融需求的目的。

3. 农户储蓄资金贡献与其获得的信贷支持还不匹配

农村金融机构商业化经营，使农户金融活动资金倒流城市和发达地区，为城市工业化和乡村城镇化提供资金来源。而对于农户来说，想获得用于生产和扩大再生产的资金却难以如愿以偿。

4. 农村金融机构区域布局与农村经济发展要求还不协调

在我国，农村金融的发展基本上是以东部和城市为中心逐步推进的模式，东部经济发达地区农村金融机构的区域布局相对较为完善，而中西部地区的分布密度较小。虽然中部地区农村金融市场已形成了农业银行、农村信用社、农业发展银行三足鼎立的态势，但局限还是存在的，其中农业发展银行基本不与个体农户发生直接的信贷业务关系。对大多数农户和农村企业来说，可以享受的金融服务仅来自农村信用社的垄断性供给。但是自20世纪90年代中期以来，农村信用社也走上了撤并机构之路，农村金融服务供给主体区域的布局处于非均衡状态，这就进一步拉大了区域差距，使欠发达地区农业和农村经济的发展受到严重制约。

第三节　新型农村金融机构

一、农村政策性金融机构

我国农村正规金融体系主要由三部分构成，一是作为商业性金融机构的中国农业银行，二是作为政策性金融机构的中国农业发展银行，三是作为合作金融机构的中国农村信用合作社。此外，农村邮政储蓄也是农村正规金融体系必不可少的组成部分。

（一）农业政策性金融机构的定位

作为唯一的国有农业政策性银行，中国农业发展银行有其明确的任务、经营目标、独特的职能与作用。根据《中国农业发展银行章程》，中国农业发展银行的主要任务是按照国家的法律、法规和方针、政策，以国家信用为基础，筹集农业政策性信贷资金，承担国家规定的农业政策性金融业务，代理财政性支农资金的拨付，为农业和农村经济发展服务。

农业发展银行的业务范围是：办理由国务院确定、中国人民银行安排资金并由财政部予以贴息的粮食、棉花、油料、猪肉、食糖等主要农副产品的国家专项储备贷款；办理粮、棉、油、肉等农副产品的收购贷款和棉麻系统棉花初加工企业的贷款；办理国务院确定的扶贫贴息贷款、老少边穷地区发展经济贷款、农业综合开发贷款以及其他财政贴息的农业方面的贷款；办理国家确定的小型农、林、牧、水利基本建设和技术改造贷款；办理中央和省级政府的财政支农资金的代理拨付，为各级政府设立的粮食风险基金开立专户并代理拨付；发行金融债券；办理业务范围内开户企事业单位的存款；办理开户企事业单位的结算；境外筹资；办理经国务院和中国人民银行批准的其他业务。

中国农业发展银行秉持的经营目标是办好农村政策性银行，大力支持农村经济发展。因而与一般商业性金融银行相比，农业发展银行在机构定位上具有以下三大职能：一是扶持性职能。扶持性职能是农业发展银行区别于一般商业银行的最显著的职能。农业是弱质产业，但它所提供的产品关系国计民生，关系人类赖以生存的自然生态环境，因此需要国家特别加以扶持和保护。二是倡导性职能。倡导性职能又称诱导性职能，是指农业政策性金融通过直接或间接的资金投放，吸引民间资金包括金融机构和个人资金从事符合国家农业政策意图的贷款和投资，以推动更多资金投入于农业领域。三是调控性职能。与其他产业相比，农业在市场竞争中通常处于劣势，难以成为吸引投资的产业。因此，政府必须进行干预和调控，以确保农业与其他国民经济各产业均衡发展。

中国农业发展银行自组建以来，认真贯彻落实党中央、国务院制定的路线方针政策，坚持以收购资金封闭管理为中心，逐步建立起了农业政策性银行的组织体系、制度体系，进一步完善了管理体制与经营机制，较好地履行了国务院赋予的收购资金封闭管理职责，基本发挥了国家农业发展银行的作用，特别是在保障粮棉油收购资金供应、支持粮棉地区农业经济发展方面，起到了不可替代的作用。

（二）农业政策性金融机构面临的困境

1. 资金来源渠道狭窄

从世界各国的情况看，农业政策性金融机构资金来源的显著特征是成本费用低、量大集中、相对稳定和可用期长。中国农业发展银行作为国家政策性银行，是以国家信用为基础的，按照国务院规定的业务范围筹集可靠的资金来源，成为一个独立的筹资主体，履行其作为筹资主体应承担的责任，应当说具有比商业银行更为有利的条件。目前，国务院规定农业发展银行的资金来源渠道，主要有资本金、业务范围内开户企事业单位的存款、发行金融债券、财政支农资金、向中央银行申请再贷款、境外筹资等。这一方面加大了中央银行投放基础货币的压力，另一方面增加了农业发展银行的资金运营成本，制约了其发挥政策性金融作用的空间，从长期看，不利于农业发展银行的生存和发展。

2. 经营机制和管理体制不完善

中国农业发展银行组建以来，尽管下了很大力气建立经营机制和管理体制，并力求使之不断完善，但还存在一些问题：一是经营制度和管理办法是在承袭中国农业银行的基本框架后形成的，不能够较好地适应农业发展银行的运作规律；二是业务增长目前属于数量规模型，数量、范围、规模等不断扩大，质量、效益虽有提高，但还没有实现增长方式的根本转变；三是农业发展银行在收入分配、内部管理等方面还带有一定的行政色彩，经营管理缺乏效率，与现代银行的要求有比较大的差距；四是农业发展银行机构"大一统"和"倒三角"的设置，并且一概以行政区域设立分支行或者业务组的局面，影响了机构整体效率的发挥。

3. 贷款风险防范措施受到局限

中国农业发展银行虽然是政策性银行，但它也是银行，其业务主要是信贷资金。然而比较起同类的商业银行，农业发展银行的贷款却具有其特殊性。首先是贷款对象的特殊性，在客户选择方面受到制约。这就在某种程度上决定了它不能完全以借款人的贷款偿还能力为标准对贷款进行分类。其次是贷款的用途特殊性。贷款需要严格地按照国家粮棉购销和储备政策，用于粮棉收购和储备。由于粮棉物资质量的物理指标有着严格的界定，超期储存和变质的粮棉将直接影响贷款的质量，这就决定其不能以贷款期限为标准对贷款质量进行分类。因而使银行贷款风险防范措施受到限制。

上述问题如果不能有效解决，势必制约国有农业政策性银行的可持续发展，不利于其作用的充分发挥。

（三）政策性银行改革的政策定位和经营原则

根据国际经验和理论的研究，在当代各国经济金融体制中，只有同时存在政策性金融与商业性金融，金融体系才是协调与均衡的，才是稳定和有效的。否则，因为市场失灵，金融体系将会是扭曲的、非均衡的、不稳定的和低效的。因此，应逐步建立起一个功能完备的政策性金融体系。

一个功能完备的政策性金融体系应当包括四个部分，即开发性金融、支持性政策金融、补偿性政策金融和福利性政策金融。开发性金融，应当主要用于与农村社会经济可持续发展密切相关的新农村建设的基础设施建设，如环境保护和发展、农业科技进步、技术创新与推广等方面；支持性政策金融，就是通过政策性金融机构的业务活动，充分反映出政府期望促进发展经济体系中的特定组成部分政策意图；补偿性政策金融，通过政策性金融机构的业务活动，来弥补某些弱势或幼稚产业的不足，并对特定弱势群体进行利益补偿。从目前来看，补偿性金融应当集中用于粮棉等国家战略储备性金融支持。所谓福利性政策金融，是指为实现共同富裕奠定基础，为特定群体如贫困人口脱贫致富提供资金支持，为资金互助组织提供担保，以及为农村大学生提供教育投资贷款等。这四个方面的金融政策措施，比较全面地覆盖了农村经济社会发展的各阶段各方面，对农业经济社会发展起到全面推动作用。

在构建功能完备的政策性金融体系的同时，我国农村政策性银行应该总结吸取十几年经营发展中的经验教训，进一步加强经营管理改革，遵循"政府信用、市场运作、国家目标"这一经营原则，防止"市场失灵"和"政府失灵"。为此，应当从以下几个方面着手：

1. 完善法律，重建"政府信用"

治理市场失灵主要靠"政府信用"，而"政府信用"需要通过法律支持体系来构建。政策性银行在产权上大多属于国家。任何一家政策性银行都要体现政府的产业政策。为了约束政府的短期行为对农业发展银行经营活动的干扰，为了使农业发展银行在经营发展中受到法律的有力制约与监督，避免农业发展银行的经营范围和管理体制的随意性；为了使农业发展银行在经营中得到法律的支持和保护，如相关财政税收政策支持和优惠在执行中维持严肃性，在贷款资产保全、维护合法权益等方面得到有效保障；同时避免由于农业发展银行的职责和功能易变性而引发部分相关经济主体的机会主义行为，将政策性信贷资金视为国家财政资金，防止损坏国家政策性银行功能发挥、破坏社会信用体系行为，必须建立与政策性银行设立、发展、经营管理等有关的法律体系和监管制度。国家对农业发展银行的监管应该明显区别于国家对商业银行的监管，监管的重心在于国家农业产业政策的贯彻落实、信贷资金的安全、最高利率水平的控制、政策性贷款规模执行等，以期重建政府信用。

2. 坚持市场运作，避免与商业性金融机构过度竞争

政策性银行也要按市场规律运作，因为防范"政府失灵"的有效措施是坚持市场运作。市场运作是指"独立核算，自主、保本经营，企业化管理"。不实行独立核算，农业发展银行在经营中难免出现部门利益至上，出现道德风险；不实行自主、保本经营，企业化管理，就无法防范风险，最后失信于社会。政策性银行之所以不与商业性金融竞争，因为其毕竟有着政策和资金方面的优势，同时政策性金融的本来职能就是弥补市场的不足。当然，在实际操作中，因为市场不足和市场失败领域是个动态的过程，某一特定领域由资

金短缺到充分供给需要一定时间，同时金融业务自身具有一定的延续性，从放出贷款到收回贷款需要一个过程。另外，一些带有政府税收优惠、贴息的金融业务在金融系统一视同仁、招标实施，这同样会带来竞争问题。因此，应当不排除政策性金融机构与商业性金融机构存在适度的交叉。如果因交叉过度引发激烈竞争，应通过政府进行控制和调整。要解决农业发展银行的定位，首先应确定市场与政府的边界，即哪些业务真正属于公共商品或准公共商品范畴，进而比较政府和民间的供应成本，在此基础上再来规划农业发展银行的职能。

目前达成共识的观点主要是：按市场机制原则形成农业政策性银行可持续发展机制。在国家政策支持下，要解决好以下基本问题：一是健全资本金的补充机制，即要建立一个动态的、可持续发展的、与农业政策性银行业务发展有内在联系的补充机制。二是建立稳定的低成本的资金来源机制。要根据农业政策性银行的特点，按照政策性银行市场化运营模式转变的要求，拓宽资金来源渠道，增强自主筹资功能，优化负债结构，降低资金成本。三是按照政策定位拓宽业务范围。目前，农业发展银行在继续做好粮棉油收购贷款业务为主体，支持龙头企业、农副产品加工和转化的同时，在政策支持下开展开发性和支持性金融等中长期贷款业务、发展中间业务为补充的两翼格局。四是完善农业政策性银行的金融监管制度。取消农业政策性银行上缴存款准备金的做法，或取消政策性业务部分存款准备金；制定适合农业政策性银行的信贷资产质量监管体系和办法，根据农业发展银行业务效益差、风险大、资产质量一般较差的特点，提高风险拨备税前计提比例；坚持保本微利的经营方针，防范农业发展银行商业化和财政化两个倾向。五是创立良好的外部环境。目前我国农业发展银行的运营依据，是建行初期所制定的《中国农业发展银行章程》。随着经济的发展和农村金融体制的改革，其中一些规定开始显得滞后和偏离。所以，当务之急是制定顺应时代需求的农业政策性的金融法律，用法律的手段对农业发展银行进行监督。此外，农业政策环境有待进一步优化。在发达国家存在着大量的农业补贴，但这并不是由它们的农业政策性金融机构来办理或者负责，而是由政府直接办理，所以这些机构就不必办理这种几乎纯粹性的政策性业务，也就避免了产生完全亏损，因而有利于农业政策性金融机构的可持续发展。

当然，我国农村金融要做到为农村社会经济提供更好的服务，除了要发挥包括政策性银行在内的农村正规金融机构的作用，还要逐步发挥非正规金融体系的积极性，使之成为正规金融体系的重要补充。

二、新型农村金融机构分析

(一) 新型农村金融机构发展现状

1. 农村金融发展现状分析

受起步晚的影响，我国农村金融体制、结构和发展状况存在种种瓶颈，导致新型农村金融机构发展面临的金融环境相对滞后。

一是农村正规金融机构网点数量较少。商业银行多数将网点设在乡镇，在农村设点的很少，而贫困山区更是金融服务的空白区域。二是农村金融多元化程度较低。农村金融供给较为单一，银行业务大多侧重于见效快、重利润的个体工商业贷款，对农村居民消费贷款、科技创新、基础设施建设的资金支持仍然欠缺。三是民间借贷风险突出。农村民间借贷总额庞大，但缺乏切实有效的监管，容易引发种种问题。而且其游离于国家统计和货币政策控制之外，可能导致国家的金融政策发生偏离，从而增加政策制定的难度。四是农业保险发展较慢。作为金融三大支柱之一，保险在农村经济建设中发挥着不可忽视的作用。然而目前农村农业保险市场险种较为单一，近年来，农保更是面临着保额、保费不断下滑，承保面逐年缩减的窘境。

2. 制约新型农村金融机构可持续发展的因素分析

通过探究农村金融发展存在的问题，结合近年来新型农村金融机构发展状况，可以发现其在可持续发展方面存在诸多制约因素。

一是政策扶持力度不足。虽然近年来财政部和金融相关部门陆续出台了对新型农村金融机构进行定向税收减免和补贴的激励政策来调动其积极性，也取得了一些成效，但目前政策的深度和广度都还有待提高。加之受各种现实因素影响，许多金融机构没办法享受到政府的扶持，激励政策的效果不尽如人意。二是监管方式亟待改进。目前关于农村的金融监管法律法规相对滞后，且多停留于理论和原则性的规定。监管体系也尚未适应农村金融发展需求，承担监管职责的县域银监机构和地方金融办人员稀少，而且多数人员未能达到对金融这一特殊行业的监管能力要求。三是资金来源渠道单一。作为新生事物，新型金融机构成立时间短，公信度偏低，存款客户多为农民或小微企业，存款金额少。且制度规定村镇银行无法向银行业进行资金借贷，农村资金互助社资金主要来自社员储蓄，贷款公司"只贷不存"，严重抑制了其融资渠道。四是农村金融配套较差。农村金融人才匮乏，新型金融机构的人员通常为应届毕业生或是从发起行派遣来的老员工，对于农村当地情况不熟，金融知识和专业能力与岗位需求不能很好匹配。加之农村征信体系尚未健全，各种配套体制建设都还不够完善，这些因素都成为其发展的桎梏。

（二）我国新型农村金融机构可持续发展的对策

结合国外成功经验，立足本国国情，对我国新型农村金融机构的可持续发展提出如下建议。

1. 强化政府扶持力度

农村金融供给具有外部性，因此，新型农村金融机构发展离不开政府的支持，政府部门应尽可能给予财政、资金以及税收优惠政策支持，提供相应的税收减免和财政补贴，同时加大货币金融政策扶持，确保新型农村金融机构发展的积极性，助其度过薄弱的发展前期。

2. 建立健全监管体系

逐步完善相关法律法规，建立长期有效机制和实行奖惩制度。在风险控制的前提下可以适当放宽农村金融市场的准入门槛，引导民间资本服务农村和农业发展。同时根据不同类型金融机构特点，探索建立差别化监管制度。

3. 完善农村金融生态建设

大力建设农村社会信用体系，形成较为完备的信用评价体系以及信用激励和惩戒机制。推动落实存款保险制度，增强储户信心，为新型农村金融机构可持续发展提供外部保障。加速发展农业保险，缓解涉农贷款风险大导致的"贷款难"问题。

4. 加强金融产品和服务的创新

新型农村金融机构要获得客户认可，最根本的还是要充分发挥自身优势，坚定服务"三农"定位不动摇，通过实地调研挖掘农户个性化需求开展金融业务，提升产品和服务的针对性，才能逐步提高其公信力，从而确保可持续发展。

第六章 互联网+时代背景下农业经济的创新发展

第一节 互联网+时代背景下农业生产体系的发展

一、种植业体系

物联网技术在农业领域得到了广泛应用，从播种、灌溉、施肥，到防治病虫害、收获等一系列农业生产过程，都能够借助农业物联网技术增强生产的科学性，令生产的速率和质量得到提升。换言之，物联网技术在农业领域的应用令农业生产者传统的生产方式发生了改变，使农业生产变得更加精细和准确。

（一）智能设施农业

智能设施农业令农产品的生产效率和生产总量都得到了大幅提升。在当地专业合作社、龙头企业等的引领和带动之下，很多农业生产者开始关注智能农业，并将其应用在现实的农业生产之中，增加了自己的农业收入。互联网农业是一种新型农业发展方式，它实现了互联网技术和农业产业链诸多环节的渗透融合，让中国的农业发展真正走上了智能化、科技化、信息化道路。"互联网+"的出现为农业的转型升级提供了重要支撑。目前，人们愈来愈意识到互联网技术的重要性，并倾向于在农业领域将这些技术的作用充分发挥出来，这为农业生产方式的优化升级以及农业的现代化发展提供了重要的推动力量。

运用了互联网技术的智能农业模式，以计算机为中心，是对当前信息技术的综合集成，集感知、传输、控制、作业为一体，将农业的标准化、规范化大大向前推进了一步，不仅节省了人力成本，也提高了品质控制能力，增强了农业抗击自然风险的能力，并且这一模式正在得到日益广泛的推广。互联网营销综合运用电商模式，农业电子商务是一种电子化交易活动，它以农业的生产为基础，其中包括农业生产的管理、农产品的网络营销、电子支付、物流管理等。它以信息技术和全球化网络系统为支撑点，构架类似 B2B、B2C 的综合支持平台，具有网上交易、拍卖、电子支付、物流配送等功能，主要提供与农产品产、供、销等环节相关的电子化商务服务，并充分消化利用。

互联网技术与农业产业链环节的深度渗透融合，有利于农业生产环节的优化升级，提升农业生产效率，同时也有利于强化生产者对整个生产经营程序及过程的管控，为最终的产品质量提供了保证，能够为后期的产品营销做好铺垫。互联网与农业产业的结合令农业产业链的不同环节具有更好的衔接性，强化了产业链的完整性和流畅性。综合而言，"互联网+"农业具有下列优势：第一，借助物联网构建起农业监测系统，并借助大数据对所得的农业数据展开深入分析，令农业生产变得更加精准，在节约生产成本的同时最大限度地提升农产品产量；第二，互联网技术令农场管理工作实现了信息化，让农场也能够依照工厂流程进行运作，让农场以更高的效率完成经营工作，并能够令经营工作模板化，便于其他农场学习和借鉴；第三，除了上述技术层面的需求能够得到满足之外，"互联网+农业"为农产品销售拓宽了渠道，提供了更优质、更快捷、更现代的线上销售平台。互联网农业创新有利于帮助农业生产者规避市场风险，提升农业生产效率，能够借助大数据分析等实现对农产品质量与数量的良好控制；突破传统农业生产模式，为农业领域提供了全新的获取信息模式及产品流通模式；强化了农产品质量监管，令问题产品有了可追溯渠道；农产品生产链条变得更加完整，产业结构上的环节数量比以往更多；信息共享更加快速和全面，有利于农户通过网络渠道获取全面、前沿的农业相关信息。

（二）智能大田种植

我国现在的农业生产模式正处于从家庭联产承包责任制向大田种植模式过渡的阶段，大田种植模式是我国现代农业的发展方向。大田种植信息化指的是通信技术、计算机技术和微电子技术等现代信息技术在产前农田资源管理、产中农情监测和精细农业作业中的应用和普及。

我国农田信息管理系统已经开始应用在部分农场之中，内蒙古、新疆生产建设兵团、黑龙江农垦等运用电子信息管理系统来实现农田的现代化管理，让信息的处理和分析更加快速和准确，并确保农业生产者能够及时获取农田的准确数据。将信息化技术和大田种植生产结合起来，在减轻人类生产劳动压力的同时增加农产品产量，力争实现生产者效益的最大化，是大田种植的目的所在。今后我国大田种植信息化发展采取的是以"精细农业"为核心的数字化、智能化、精准化、管理信息化和服务网络化等发展模式，以信息化带动现代化，通过信息技术改造传统大田种植业，装备现代农业、以信息服务实现生产与市场的对接，将遥感技术、地理信息系统、全球定位系统、作物生长模拟以及人工智能和各种数据库等结合与集成应用到大田作物生产中，通过计算机系统进行科学的生产管理。

农业大田种植智能管理系统，是针对农业大田种植分布广、监测点多、布线和供电困难等特点构建起来的，它利用物联网技术，采用高精度土壤温湿度传感器和智能气象站，远程在线采集土壤墒情、气象信息，实现墒情自动预报、灌溉用水量智能决策、远程自动控制灌溉设备等功能。具体运作如下：

1. 地面信息采集

一是使用地面温度、湿度、光照、光合有效辐射传感器采集信息，可以及时掌握大田作物生长情况，当作物因这些因素生长受限，用户可快速反应，采取应急措施；二是使用雨量、风速、风向、气压传感器可收集大量气象信息，当这些信息超出正常值范围，用户可及时采取防范措施，减轻自然灾害带来的损失。如强降雨来临前，打开大田蓄水口。

2. 地下或水下信息采集

一是可实现地下或水下土壤温度、水分、水位、氮磷钾、溶氧、pH 值的信息采集。二是检测土壤温度、水分、水位，这些检测有利于实现合理灌溉，杜绝水源浪费和大量灌溉导致的土壤养分流失。三是检测氮磷钾、溶氧、pH 值信息，这是为了全面检测土壤养分含量，准确指导水田合理施肥，提高粮食产量，避免由于过量施肥而导致环境问题。

3. 视频监控

视频监控系统指的是将摄像机安装在农田内，借助同轴视频电缆把摄像机所采集的关于农田的视频传送至控制主机，方便生产者对植物长势加以把握。农业生产者既能够到监控中心直接观看监控视频信息，也可以在异地通过网络观察到农作物的生长状况。

4. 报警系统

用户可在主机系统上对每一个传感器设备设定合理范围，当地面、地下或水下信息超出设定范围时，报警系统可将田间信息通过手机短信和弹出到主机界面两种方式告知用户。用户可通过视频监控查看田间情况，然后采取合理方式应对田间各种状况。

5. 专家指导系统

通过将农作物实际生长情况和系统中农作物最适生长模型、病害发生模型进行比较，一方面系统可以直接将这些关键数据通过手机或手持终端发送给农户、技术员、农业专家等，为指导农业生产提供详细实时的一手数据；另一方面系统通过对数据的运算和分析，可以对农作物生产和病害的发生等发出警告和专家指导，方便农户提前采取措施，降低农业生产风险和成本，提高农产品的品质和附加值。

如今，若是安装了大田种植智能控制系统，那么在大田种植过程中就能够轻易地对田间情况实施远程监控及实时管理，让大田种植也走上现代化道路。大田种植监控系统不仅有利于大田种植的信息化、智能化水平提升，有利于增加农产品产量，还能够实现对农业大棚的远程控制，让大棚在无须额外耗费人力的情况下实现自动调整，从而促进农产品产出效益的提升。农业生产者在对智慧大棚系统进行安装和应用之后，通过手机客户端就能够实现对智慧大棚的远程操控，轻松实现对大棚的开关操作、给农作物浇水施肥等。

目前，很多地区都开始将农业物联网技术应用在农业生产中，试图通过新技术实现对原本生产方式的变革及升级，真正将现代科技与农业行业结合起来，助力农业生产者获得更多的收益，确保农业价值得到最大的发挥。

二、养殖业体系

随着规模化、集约化养殖业的发展和人力资源的短缺，自动化养殖将成为发展趋势。自动化养殖能够准确高效地监测动物个体信息，有利于农户分析动物的生理、健康和福利状况，是实现福利养殖和肉品溯源的基础。目前我国的养殖业主要依靠人工观测的方式监测动物个体信息，耗费大量的时间和精力，且主观性强。随着信息技术的发展，国外学者对畜禽养殖动物个体信息监测方法和技术进行了大量研究，利用采集的动物个体信息，分析动物的生理、健康、福利等状况，为畜禽养殖生产提供指导，而国内在这一领域的研究仍处于起步阶段。

（一）智慧畜禽养殖

互联网与畜禽养殖的结合令畜禽业发生了明显的改变。很多畜禽养殖从业者认识到了互联网技术的先进性、科学性，并真正将互联网技术引入畜禽养殖的产业链中，实现畜禽养殖业的智慧化。从近年国内外研究现状看，畜禽养殖动物个体信息监测研究大多围绕自动化福利养殖展开，通过研究提高了动物个体信息监测的自动化程度和精度，有效减少了信息监测消耗的人力，但还存在一些需要进一步探讨和研究的问题，主要包括以下几个方面：

1. 动物行为监测智能装备研发

准确高效地采集动物个体信息是分析动物生理、健康和福利状况的基础。目前无线射频识别（RFID）技术在畜禽业中得到了广泛应用，对于动物的体重、发情行为、饮食行为等信息监测已有大量研究成果，但对于动物母性行为、饮水、分娩、疾病等信息监测系统研究与实现鲜见报道。动物行为监测传感器大多需要放置于动物身上或体内，这对监测设备的体积、能耗、防水和无线传输等都提出较高的要求，后续研究需要针对复杂环境下不同行为研发相应的行为监测智能化设备。

2. 动物行为模型构建与健康分析动物行为模型构建

是指在动物叫声音频信息、活动视频信息、传感器采集的运动信息等与动物行为分类间建立映射关系，通过音视频和其他传感技术对动物行为进行分类。分析实时采集的动物个体信息，研究动物不同生长阶段的行为规律，与动物行为模型进行对比，超过一定阈值时进行预警。

3. 动物福利养殖信息管理系统

动物个体信息与环境、饲养方式、品种都有关联，从规模化养殖中采集到的大量动物个体信息数据，如何进行综合分析，从海量数据中挖掘出有用信息，并建立动物福利养殖信息管理系统还需要进一步研究。

（二）智慧水产养殖

近年来，人们的环保意识越来越强，并逐渐认识到传统水产养殖业所采取的是低级粗放的养殖方式。为了减少水产养殖所造成的环境污染，进一步提升养殖效益，人们开始接触"物联网水产技术"并将其应用在水产养殖实践之中。

我国是世界水产养殖大国，不管是从规模还是从产量方面来说，都可谓首屈一指。但伴随着我国养殖业的不断发展，养殖的种类不断增加，水资源的开发利用也已经趋于饱和，在此种情况下若是仍旧沿用原本的养殖方式，那么会给水体环境、水产品品质等造成突出的负面影响。所以，我们应当改进传统水产养殖方式，借助新兴的互联网技术构建全新的水产养殖体系，在获取准确数据的基础上尽快对养殖产业做出科学、正确的调节。在该背景下，实现物联网和水产养殖的结合，有利于减少环境污染、提高养殖效率和产量、减少人力及财力资源投入。物联网以其技术的先进性、环境的适应性、环保、高产等特点"征服"了很多水产养殖者，并得到了养殖者的广泛应用。

发展智慧型渔业，其实质是用现代先进的数字技术、信息技术装备传统的渔业生产，以提高渔业生产的科技水平，使渔业生产不受气候、赤潮等影响，还可以更好地控制成本。利用信息技术对渔业生产的各个要素进行数字化设计、智能化控制、精准化运行及科学化管理，力求能减少渔业消耗，降低生产成本，提高产业效益。作为物联网水产科技的代表，水产养殖环境智能监控系统是面向新时代水产养殖高效、生态、安全的发展需求，基于物联网技术的使用，搭建集水质采集、智能组网、无线传输、智能处理、预警报告、决策支持、智能控制等功能于一身的物联网水产系统。因此可以说，在现代社会，渔民们只需要一部智能手机就能够快捷、高效地做好水产养殖工作。

智慧水产养殖系统由智能化电脑控制系统和水循环系统两部分组成。智能化电脑控制系统包括系统软件、360°探头、水下感应器、养殖设备、互联网服务器等软硬件；水循环系统包括过滤设备和微生物降解设备。水产养殖者打开智能控制中心，就能看到屏幕上两个主要部分：上方显示的是监控场景；下方显示的是多项重要指标，如水温、溶氧量、pH

值等。通过该平台，养殖者无须实地探访就能够清楚地把握鱼塘的总体情况。该系统会为各指标设置安全的数值范围，若是系统检测到某项指标不在该数值范围内，那么系统就会使相应设备自行启动，以实现对问题的处理。而要想对该系统加以利用，养殖者需要将自己的手机与智慧渔业养殖系统进行在线对接，这样养殖者才能够随时随地通过手机对养殖情况进行监测。毫无疑问，所养殖的水产动物会将自身排泄物排入水中，而这又会增加水中的氨氮含量，让养殖用水的溶氧量下降。面对该问题，系统会及时显示警戒指标，并自动启动水循环设备，如此一来，不仅让鱼塘水体始终保持在较为恒定的温度，同时也能够净化水质，为鱼类创造优质的生长环境。另外，养殖者也无须在投饵喂食方面耗费较多心思，通常安装好和系统连接的智能打印机之后，在喂食时打印机会以水文环境为依据为养殖者打印出一份最佳的投饵方案，养殖者只需依照该方案的具体要求实施操作即可。

三、林业体系

"互联网+林业"充分利用移动互联网、物联网、云计算、大数据等新一代信息技术，通过感知化、物联化、智能化的手段，形成林业立体感知、管理协同高效、生态价值凸显、服务内外一体的林业发展新模式，其核心就是利用现代信息技术，建立一种智慧化发展的长效机制。详细而言，"互联网+林业"的特点如下：

第一，在信息获取及处理方面实现数字化。无论是信息的采集、传递、存储、分析还是共享，都能够走上数字化道路。

第二，林业资源实现彼此感知。借助智能终端及传感设备，能够令不同类型的林业资源之间实现彼此感知，确保农户能够随时、迅速地获取到所需信息。

第三，信息传输互联化。搭建起完善的信息传输网络系统，让信息获取变得更加迅速和便利。

第四，系统管控实现智能化。大数据、物联网、云计算等新兴的现代化技术能够令人们更准确、更快速地实现林业信息的获取、处理及分析等。与此同时，人们借助自动化设备、传感设备、智能终端等能够实现林业管理工作的现代化及智能化发展。

第五，形成一体化的运转体系。目前，我国的城镇化、生态化、产业化等已成为显著趋势并形成相应的体系，林业信息化与它们的结合就促成"互联网+林业"的出现，并且它们共同构成一个功能更加全面的运转体系。

第六，在管理服务方面呈现出协同化趋势。在政府、企业、林农等各主体之间，在林业规划、管理、服务等各功能单位之间，在林权管理、林业灾害监管、林业产业振兴、移动办公和林业工程监督等林业政务工作的各环节之间实现业务协同。

第七，创新发展生态化。利用先进的理念和技术，丰富林业自然资源、开发完善林业生态系统、科学构建林业生态文明，并融入整个社会发展的生态文明体系，保持林业生态系统持续发展壮大。

第八，综合效益最优化。形成生态优先、产业绿色、文明显著的智慧林业体系，做到投入更低、效益更好，实现综合效益最优化。

（一）智慧林业的概念及特点

智慧林业是智慧地球的重要组成部分，是未来林业创新发展的必由之路，是统领未来工作、拓展技术应用、提升管理水平、增强发展质量、促进可持续发展的重要支撑和保障。智慧林业与智慧地球、美丽中国紧密相连。智慧林业的核心是利用现代信息技术，建立一种智慧化发展的长效机制，实现林业高效高质发展。智慧林业的关键是通过制定统一的技术标准及管理服务规范，形成互动化、一体化、主动化的运行模式。智慧林业的目的是促进林业资源管理、生态系统构建、绿色产业发展等协同化推进，实现生态、经济、社会综合效益最大化。

智慧林业始终坚持以人为本的理念，它是人们在现代互联网环境下所提出的一种新型的林业发展模式。该模式旨在进一步发展生态林业和民生林业，将它们提升至新的发展高度，真正落实林业发展的安全化、智能化、和谐化。智慧林业指的是通过立体感知体系、管理协同体系、生态价值体系、服务便捷体系等来体现的。它包含了如下内容：

第一，深化发展林业资源感知体系。借助打造智慧林业立体感知体系扩大的覆盖范围，让人们能够摆脱时间和地点的限制对林业资源进行感知。

第二，林业政务系统实现多方部门及人员的连接。构建完善的林业政务系统，能够促进国家、省、市、县彼此之间的互联互通，让他们在政务工作方面实现协同化、统一化，能够通过系统增进彼此间的合作及信息共享。

第三，降低林业建设管理成本，创造更多收益。依照科学理论对智慧林业展开规划设计，从根源上推动各相关部门的共建共享，降低建设成本，使后期在管理方面无须较多投入就能够获得较为理想的效益。

第四，提升林业民生服务的智能性、便捷性。构建起完善、高效的智慧林业管理服务体系，有利于相关的企业或者农户通过该体系较为迅速地获取自身所需服务，真正缩短等待服务时间，提升服务质量。

第五，林业生态文明理念更深入。通过智慧林业生态价值体系的建立及生态成果的推广应用，使生态文明的理念深入社会各领域、各阶层，使生态文明成为社会发展的基本理念。

智慧林业具有基础性、应用性、本质性的特征。其中基础性特征包括数字化、感知化、互联化、智能化；应用性特征包括一体化、协同化；本质性特征包括生态化、最优化。也就是说，智慧林业是基于数字化、感知化、互联化、智能化，实现林业生产的一体化、协同化、生态化、最优化。林业信息资源数字化能够实现林业信息实时采集、快速传输、海量存储、智能分析、共建共享。林业资源相互感知化是利用传感设备和智能终端，使林业系统中的森林、湿地、沙地、野生动植物等林业资源可以相互感知，能随时获取需要的数据和信息，改变以往"人为主体、林业资源为客体"的局面，实现林业客体主体化。林业信息传输互联化是智慧林业的基本要求，建立横向贯通、纵向顺畅，遍布各个末梢的网络系统，实现信息传输快捷，交互共享便捷安全，为发挥智慧林业的功能提供高效网络通道。林业系统管控智能化是信息社会的基本特征，也是智慧林业运营基本的要求，要求利用物联网、云计算、大数据等方面的技术，实现快捷、精准的信息采集、计算、处理等；在应用系统管控方面，利用各种传感设备、智能终端、自动化装备等实现管理服务的智能化。林业体系运转一体化是智慧林业建设发展中最重要的体现，要实现信息系统的整合，将林业信息化与生态化、产业化、城镇化融为一体，使智慧林业成为一个更大的功能性生态圈。林业管理服务协同化，信息共享、业务协同是林业智慧化发展的重要特征，就是要使林业规划、管理、服务等各功能单位之间，在林权管理、灾害监管、产业振兴、移动办公和工程监督等林业政务工作的各环节之间实现业务协同，增进政府、企业、居民等各主体之间的协同性，在协同中实现现代林业的和谐发展。林业创新发展生态化是智慧林业的本质性特征，就是利用先进的理念和技术，进一步丰富自然资源、开发完善生态系统、科学构建生态文明，并融入整个社会发展的生态文明体系，保持生态系统持续发展强大。林业综合效益最优化是通过智慧林业建设，形成生态优先、产业绿色、文明显著的智慧林业体系，进一步做到投入更低、效益更好，展示综合效益最优化的特征。

可见，智慧林业是基于数字林业，应用云计算、物联网、移动互联网、大数据等新一代信息技术发展起来的。在数字林业的基础上，智慧林业具有感知化、一体化、协同化、生态化、最优化的本质特征。智慧林业把林业看成一个有机联系的整体，运用感知技术、互联互通技术和智能化技术，使这个整体运转得更加快速、高效，从而进一步提高产品的市场竞争力、资源发展的持续性以及能源利用的有效性。

（二）智慧林业的内容、作用体系构建

智慧林业这一概念的提出及实际应用与林业的现代化发展趋势相契合，智慧林业是在互联网时代社会林业发展所必然要走的一条道路，另外，它也符合我国生态建设发展所提出的要求，并且在人类社会和谐发展方面发挥着重要作用。从林业自身出发来说，智慧林业的落实能够助力林业在现代环境下实现自身的转型升级。如今的林业正处于转型阶段，

它不再将木材生产作为发展重心，转而将生态建设作为发展重点。国际社会也加强了对林业的关注，并强调森林生态系统及其发展在人类经济社会中占据着重要地位。我国已确立了以生态建设为主的林业发展战略，把发展林业作为建设生态文明的首要任务，这意味着我国林业必须承担起生态建设的主要责任，打造生态林业、民生林业成为目前我国林业发展的主体目标与任务。利用智慧林业，我们可以摸清生态环境状况，对生态危机做出快速反应，共建绿色家园；更智能地监测预警事件，支撑生态行动，预防生态灾害。同时，发展智慧林业，建立相应的一体化、主动化管理服务体系和生态价值考量体系，可使林业的民生服务能力得以加强，生态文明的理念得以深入社会各领域与各阶层，符合林业自身发展的客观需求。

"互联网+"是当今社会的一个重要发展趋势，它在助力人们创新创业方面发挥着不可替代的作用。在此背景下，要想切实促进"互联网+林业"的发展，就要做好下列举措：

第一，明确科学的发展方向及发展路线。在当前的总体状况下，人们要充分认识到森林所具有的生态价值，相关政府部门要在林业智能化管理服务方面加大投入，争取早日在林业领域搭建起体系化网络；另外，利用森林的经济价值，从企业层面扩大电子商务的推广运用率，换取较大的经济利益，为林产品提质上档提供经济支撑。

第二，要将林业发展重点确定出来。相关人员不可将"互联网+林业"视作互联网和林业产业的简单相加，不可把建设林业网站、开通林业行业官方微信当作智慧林业的全部内容，否则就会让"互联网+林业"的发展处于停滞状态。通俗来讲，"互联网+林业"就是要让森林资源通过物联网达到人和物的交互，实现信息的采集、计算、共享。要注重"物联"的开发与运用，重点是在林业管理、森林防护、智能办公等方面开展深层次合作，运用云计算、大数据、物联网、可视化等技术，建设林业"三防"一体化信息平台、综合监测监控系统、业务信息实时共享平台、智能办公等信息化项目，实现智能办公、视频监控（含无人遥感飞机视频接入）、林业资源、扑火指挥、远程调度、空间分析、疫区管理、位置服务、整合信息等多项智能应用。要实现"互联网+林业"的发展需要以政府部门牵头为主。有政府部门做主导，才能充分运用物联数据，开发商业模式。

第三，在互联网基础上打造出全新的商业模式。在林业产品的传统销售过程中存在着多个销售"中介"，每经过一个销售"中介"转手，产品的流通成本就会有所增加，而这些增加的成本无疑都要让消费者买单。在林业电子商务平台搭建起来之后，人们就能够在林产品中植入与其对应的芯片，这样在开展网络贸易活动的时候，消费者可以直接通过手机扫描得到关于产品的诸多信息。如此一来，产品自身也能够发挥一定的宣传作用，并减少了产品在销售过程中的转手次数，相当于间接地为厂商和消费者谋利。建立这样的商业模式，需要广泛运用物联网、大数据、云计算等技术。在此基础上，可进一步拓展无线互联网，将林区的林产品销售、交通路线、旅游景点、餐饮场所、银行等涉林产业整合起来，逐步建立网上林区，形成林业行业互联网。当然，互联网的商业模式也不仅仅局限于这一种，还需要根据实际情况灵活运用。

紧紧围绕打造智慧林业、建设美丽中国的发展思路，充分利用现代信息技术，为资源深度开发及管理服务模式转型提供创新力，结合当前林业信息化发展的基础与急需解决的问题，根据我国智慧林业的重要使命、本质特征和发展目标，以打造生态林业和民生林业为重要切入点，通过"资源集约、系统集聚、管理集中、服务集成"的创新发展模式，积极推进立体感知体系、管理协同水平、生态价值体系、民生服务体系、标准及综合管理体系五项任务建设，全面实现智慧林业的战略目标。

1. 着力打造智慧林业立体感知体系

相关部门要始终秉持"把握机遇、超前发展、基础先行、创新引领"的原则，真正在技术、模式方面实现创新发展，加快林业网络体系建设速度，完善智慧林业所需的基础信息设施。要在林业领域加快互联网设施建设，力争让林业以较快的速度接入物联网。全面加强各种传感设备在林业资源监管、林产品运输等方面的布局应用，为动态监测植物生长生态环境、有效管理林业资源提供支撑。有序推进以遥感卫星、无人遥感飞机等为核心的林业"天网"系统建设，打造高清晰、全覆盖的空中感知监测系统。积极推进林业应急感知系统建设，打造统一完善的林业视频监控系统及应急地理信息平台，为国家、省、市、县等四级林业管理部门提供可视化、精准化的应急指挥服务。

（1）林业下一代互联网建设工程

为打造下一代林业互联网，相关部门要始终遵循高端性、前瞻性的原则，推动林业信息网络的优化升级，切实完善 IPv6 网络运行管理与服务支撑系统，借助网络系统强化对林业方面的管控及服务。整个网络纵向采用树形结构设计，以国家林业和草原局为根节点；各省区市林业厅局分节点与国家林业和草原局形成星形连接，成为一级节点；各地市林业局与省区市林业厅局形成星形连接，成为二级节点；各县市林业局与地市林业局形成星形连接，从而构建国家、省、市、县四级网络架构。不断扩充现有省级出口带宽及国家林业和草原局下联各省级带宽，打造统一的林业下一代互联网，以满足国家林业系统各类业务模块和快速传输大数据量的遥感影像、GIS 数据、音视频数据等需要。

（2）林区无线网络提升工程

按照分级推进、多种方式结合的原则，大力加强与国家电信运营商的合作，选择一些基础条件好、发展较快的林区，积极推进我国重点林区的无线网络建设，提高林区的通信能力及监测管理水平。林区无线网络以公众网为主、以林区自建数字超短波网为辅,合理共享网络资源,同时实现多制式、多系统共存,形成高速接入、安全稳定、立体式无缝化的覆盖网络,为林区管理服务部门及公众提供无线网络服务,为物联网和智能设施在林区的应用提供网络条件。

(3)林业物联网建设工程

国家已启动了智能林业物联网应用示范项目,主要是基于下一代互联网、智能传感、宽带无线、卫星导航等先进技术,构造一体化感知体系。为了快速提高林业智能监测、管理服务、决策支持水平,需进行统一规划布局,主要从重点林木感知、林区环境感知、智能监测感知等网络方面展开林业物联网建设。

(4)林业"天网"系统提升工程

"天网"系统的规划布局,与林业遥感卫星、无人遥感飞机等监测感知手段结为一体。重点建设国家卫星林业遥感数据应用平台,提供林业资源综合监测所需的各类遥感信息及数据处理系统、数据产品发布系统以及综合监测遥感数据产品,通过多源卫星遥感数据的集中接入、管理、生产和分发,实现林业各监测专题的遥感信息及平台共享,并与现有的公共基础信息、林业基础信息、林业专题信息以及政务办公信息等整合,提高林业监测效率。

(5)林业应急感知工程

为适应新形势下林业高效、精准的安全管理需要,打造完善的应急指挥监控感知系统,为各级林业部门提供高效、精准的应急指挥服务,相关部门必须加快林业视频监控系统一体化建设步伐,不断提高林业视频监控资源的共享和协同水平,按照共建共享、统一、协同的原则,构建各省区市统一的林业视频监控系统,统一接入到国家林业和草原局,形成国家、省、市、县四级统一的林业视频监控系统,实现各级林业管理部门应急指挥监控感知系统的应急联动。以林业地理空间信息库为基础,建立我国林业全覆盖的、多尺度无缝集成的应急地理信息平台,全面提高应急调度能力和效率,实现可视化、精确化应用与一对多管理,通过健全制度、规范运作、强化考核等手段,实现林业重大事件应急工作的统一指挥协调,提升管理效能和水平。

2. 大力提升智慧林业管理协同水平

按照"共建共享,互联互通"的原则,以高端、集约、安全为目标,依托现有的基础条件,大力推进林业基础数据库建设,重点建设林业资源数据库、林业地理空间信息库和林业产业数据库,加快推进林业信息资源交换共享机制建设。通过统一规划、集中部署,加快中国林业云示范推广及建设布局,推进政府办公智慧化,规范办公流程,提高办事效率。全面推进中国林业网站群建设，建立架构一致、风格统一、资源共享的网站群，全面提高公共服务水平。加大林政管理力度，建立起行为规范、运转协调、公正透明、廉洁高效的林政管理审批机制。加强林业决策系统建设，为各类林业工作者提供网络化、智能化科学决策服务。

（1）中国林业云创新工程

智慧林业作为林业协同发展的新模式，需要用物联网实现全面的感知，实时、准确地获取所需要的各类信息，并通过云计算平台实现信息共享、价值挖掘、安全运营等。云平台是实现智慧林业的关键，需要通过统一规划、集中部署，加快中国林业云示范推广及建设布局步伐，早日建成全面统一的林业云平台。中国林业云创新工程主要建设内容包括云计算数据中心、云数据交换与共享平台、虚拟资源池平台（虚拟主机、虚拟桌面）等。林业云计算数据中心采用先进的云计算技术，借助弹性的云存储技术和统一的云监控管理等软件，结合全国林业部门各业务系统接口特点，开发出一套适合林业系统两级架构的云数据资源中心，实现数据的高效交换、集中保存、及时更新、协同共享等功能，并为扩展容灾、备份、数据挖掘分析等功能做必要准备。加快中国林业云平台的创新应用，逐步将面向林业管理部门内部及社会提供公共服务的应用系统向林业云平台迁移集中，实现国家林业信息基础设施、数据资源、存储灾备、平台服务、应用服务、安全保障和运维服务等方面的资源共享。在中国林业云上全面部署综合监测、营造林管理、远程诊断、林权交易、智能防控、应急管理、移动办公、监管评估、决策支持等应用，实行集约化建设、管理和运行。

（2）林业大数据开发工程

按照统一标准、共建共享、互联互通的原则，以高端、集约、安全为目标，积极推进全国林业系统三大基础数据库建设，加快林业信息基础设施的全面升级优化，实现全国林业资源透彻感知、互联互通、充分共享及深度计算，为智慧林业体系的建设打下坚实基础。以现有森林资源、湿地资源、荒漠化土地资源、生物多样性四项专题为基础，按照统一的数据库编码标准，收集、比对、整合分散在各部门的基础数据，立足国家、省、市、县林业管理部门和公众对林业自然资源的共享需求，确定包括资源类别与基本信息等方面的数据元，形成林业系统自然资源数据库的基本字段，建立全国统一标准的林业资源数据库，建立全国统一的林业产业数据库，实现林业产业信息的共享，提高各级林业部门的工作水平和服务质量，提高社会各界对林业产业发展的研究水平，提高林业产业统计对林企、林农的服务能力，为林业宏观管理决策提供科学依据，为林业信息服务提供支持。充分利用3S、移动互联网、大数据等信息资源开发利用技术，基于目前的林业空间地理数据库和遥感影像数据库，构建全国统一的林业地理空间信息库，实现对全国林业地理空间数据库的有效整合、共享、管理及使用，为各级林业部门提供高质量的基于地理空间的应用服务，消除"信息孤岛"，避免重复投资。

（3）中国林业网站群建设工程

确定智慧林业建设目标，围绕该目标借助现代化信息技术对多个渠道、多个领域的服务资源加以整合，令其功能更加丰富及强大，林业网站体系进一步完善，真正实现体系的一体化、智能化建设。构建国家林业系统从上至下的门户网站群平台，把全国林业系统政府网站作为一个整体进行规划和管理，实现数据集中存储和智能化调用，系统地进行统一维护和容灾备份，实现林业系统间的资源整合、集成、共享、统一与协同，降低建设成本和运营成本，提高效率，方便用户使用，提高用户满意度。

（4）中国林业办公网升级工程

中国林业办公网升级改造不仅要实现对智慧林业移动办公平台的构建与优化，还要实现对智慧林业综合办公系统的构建与优化。首先，智慧林业移动办公平台建设，指的是借助网络技术为中国林业网设置智慧林业移动办公平台统一入口，并在其中设置各种工作模块，例如移动公文处理、移动电子邮箱、实时展现、移动信息采集、移动 App 等。该办公平台搭建完毕后，相关工作人员就能够借助智能终端随时随地对应用系统进行访问，并在线上完成相应的业务操作，这样无疑能够令工作效率得到提升，并让政务管理工作具备更高的智慧化水平。其次，桌面云办公系统的建立。借助云计算技术能够实现桌面云办公系统的建设，林业行业的工作人员能够借助联网的手机或者电脑等设备，打开办公的程序或者浏览器，登录并验证后就可对个人桌面及其他应用进行访问，真正实现不受时间、地点约束的办公，让工作效率得到了大幅提升。桌面云办公系统是在综合办公系统的基础上构建起来的，它不仅能够完成日常管理和工作事务，还能够设置专门的培训模块，将科学、系统的培训内容提供给林业工作人员，让他们的综合素质得到一定的提升。

（5）智慧林政管理平台建设平台

林政管理是根据林业管理的实际需要，依照林业相关政策法规，对林业经营、采伐、流通和行政执法等进行的管理，其主要目的是建立起行为规范、运转协调、公正透明、廉洁高效的林政管理审批机制，促进林业的健康稳步发展。智慧林政管理平台依托云计算技术、大数据挖掘技术等，建设包含林业经营管理、林权管理、林木采伐流通管理和林业行政执法在内的多级行政管理平台，整合林权、经营、执法等数据，建立智慧林政管理平台，满足实际业务需求，实现随时随地对全国范围内林政信息的实时、科学、全面管理，为林农企业提供高效、高质、全天候的服务。

（6）智慧林业决策平台建设工程

为了提高决策的科学性、预见性、针对性、智能化，依托林业基础数据库，以云计算、物联网、大数据、辅助决策等新一代信息技术为支撑，整合现有的各类决策系统，建立一体化的智慧林业决策平台，为决策者提供所需的数据、信息和背景资料，帮助其明确决策目标和识别问题，建立或修改决策模型，提供各种备选方案，对各种方案进行评价和优选。一是实时查询子平台。对森林、荒漠、湿地、生物多样性的生长、灾害、保护等状况的数据、照片、视频进行实时浏览、查询、统计，为决策提供基础数据服务，提高林业管理决策能力。二是数据挖掘子平台。将智慧林业的各类数据和相关业务数据依照相关的要求进行处理、加工、统计、分析，将大量庞杂的数据信息转化为可为领导决策提供支持服务的信息。三是预测子平台。通过利用历史数据和现在采集的数据，运用不同林业预测的方法、模型、工具等，对不同类型的海量数据进行加工、汇总、分析、预测，得出所需的综合信息与预测信息，形成发展趋势模型。预测林业将来发展的必然性和可能性，提高林业发展的预警能力，为林业管理决策工作提供依据。四是林业环境智能模拟系统。利用现代建模、计算及三维等技术，基于中国林业云平台及林业地理信息系统，建立林业环境智能模拟系统，科学模拟气候、土壤、水质变化等对林业的影响，及林业发展对生态环境的作用。五是智能化处理子平台。自动化、智能化地分析林业的各种情况和趋势，并依据前提定义和选取的预警指标，设定预警指标临界值，使之具有自动报警功能，提高决策的及时性。六是成果共享子平台。对林业工作成果、重大事件的处理进行归纳、总结和展示，依据不同的类型设置不同的专题，进行分类管理，提高资源的利用率和针对性，为林业管理者、工作者提供学习平台，为以后的林业决策管理工作提供可复制、推广、执行的解决方案，形成林业工作连贯一致的决策体系和发展战略。

3. 有效构建智慧林业生态价值体系

加强林业生态价值体系建设，不断推动林业生态体系发展，重点加强新一代信息技术在资源管理、野生动植物保护、营造林、林业重点工程和林业文化监管方面的应用。加强林业资源的监管力度，利用物联网等新一代信息技术，构建完善的林业资源监管体系。大力推进营造林管理进程，实现营造林全过程现代化管理。积极推进林业重点工程监督管理平台建设，及时准确地掌握工程建设现状，实现工程动态管理，提高工程管理的科学规范水平。加强林业文化传播，不断推动林业文化体系的发展，重点加快林业数字图书馆、博物馆、文化体验馆等信息化建设。

（1）智慧林业资源监管系统建设工程

以中国林业基础数据库和现有的资源监管数据库为基础，通过国家和各地林业部门的交换中心，利用分布式数据库技术，提取业务数据，整合目前已建成的林业资源综合监管服务体系，建立基于中国林业云的集森林资源、湿地资源、荒漠化和沙化土地于一体的智慧林业资源监管平台，形成一体化、立体化、精准化的林业资源监管系统，实现对林业资源的实时有效监管，形成"全国林业一张图"，为国家提供从宏观到微观的多级林业资源分布和动态信息，便于国家准确掌握林业的历史、现状和趋势，实现国家对林业保护和利用的有效监管。

（2）智慧林业野生动植物保护工程

野生动植物是自然资源的重要组成部分，保护好野生动植物对于维护生态平衡、构建和谐社会有着积极作用。借助现代信息技术，对野生动植物进行感知，并对海量数据进行灵活高效处理，以提高野生动植物资源监测、管理、保护和利用水平为宗旨，基于生物多样性数据库，以历次野生动植物调查、监测数据为基础，整合各野生动植物保护区监测数据，及时掌握野生动植物现状及动态变化情况，通过对全国野生动植物保护区的智能管理，建设野生动植物资源监测体系和信息管理体系，使野生动植物资源得到保护和利用，野生动植物生态、经济和社会效益得到充分发挥，为野生动植物资源保护和自然保护区管理、开发利用及濒危野生动植物拯救和保护工作提供依据。

（3）智慧林业营造林管理系统升级工程

加快造林绿化，增加森林资源，提高森林质量，是林业发展的前提和物质基础。通过建设智慧营造林管理系统，对重点营造林进行核查和监督，及时获取林地真实情况，减少重复造林现象的出现，为掌握生态状况、正确评估生态建设效益提供科学依据，为实施精细化管理、提高管理效率提供有效手段。通过建立一套完善的感知分析系统，覆盖国家、省、市、县级营造林的规划计划、作业设计、进度控制、实施效果及统计上报等环节的一体化管理的智慧营造林管理系统。智慧营造林管理系统可将地理信息系统、数据库、计算机、物联网、传感器等技术高度集成，实现营造林系统的高度智慧化。智慧营造林管理系统将实时观测各节点林木种植及生长情况，做好营造林绩效管理工作，实现营造林工程综合信息网上查询发布，为营造林工程质量核查、营造林成果分析及决策提供依据。

（4）智慧林业重点工程监管工程

智慧林业重点工程监督管理平台能够实现从项目立项、启动、计划、执行、控制至项目结束的全过程管理，对及时准确掌握工程建设现状，改善组织的反馈机能，提高工作绩效等具有重大意义。该监管平台主要包括天然林保护、退耕还林、长江等防护林体系建设、三北防护林体系建设、京津风沙源治理等工程管理系统。为顺应信息社会发展的趋势，满足决策者、项目管理者、项目执行者等的需求，需全面整合信息资源，建立统一的智能重点工程监督管理平台，全面提高工程管理水平，为科学决策提供依据。

（5）智慧林业文化建设工程

加强智慧林业文化馆建设，打造一批有特色、高质量的林业文化馆，包括数字图书馆、网络博物馆、文化体验馆等，全面展示林业生态文化成果，提高人林互动水平，让人们充分体验到林业文化的乐趣，汲取生态文化的营养。

4. 全面完善智慧林业民生服务体系

围绕全面建设民生林业的要求，着力解决林企、林农最关心、最直接、最现实的问题，深化信息技术在林业智慧产业、林地智能分析、生态旅游，以及林业智慧商务和智慧社区等公共服务领域的应用，构建面向企业、林农及新型林区建设的综合性公共服务平台，努力提升公共服务水平。加快建设智慧林业产业体系，培育发展林业新兴产业、提升林企两化融合水平，促进林业产业的转型升级。全面建设包括土地成分、土壤肥力、酸碱度、区域环境及现有林业资源等内容的智慧林地信息公共服务平台，为政府、林企、林农等提供实时准确的综合"林业地图"信息服务。大力发展生态旅游，打造智能化、人性化的生态旅游公共服务平台，提高林业自身价值，丰富人们的生活。积极推进林业智慧商务系统建设，打造一体化的林产品电子商务平台，构建完善的智慧林业物流体系及林业物流园，为林业企业及民众提供智能化、整体化的林业商务服务。大力加强林业智慧社区建设，通过建立智慧社区服务系统，为林农、林企提供信息推送、在线证照办理、视频点播、远程诊断等服务，全面提高对林区的服务水平。

（1）智慧林业产业培育工程

加快新兴科技与林业的有机融合，促进新技术、新产品和新业态的发展。围绕发展潜力大、带动性强的林业生物产业、新能源产业和新材料产业、碳汇产业等新兴领域，立足现有企业和产业基础，利用新一代信息技术，攻克一批关键技术，促进信息化在产业发展中的应用，延伸上下游产业链，着力突破新兴产业发展的瓶颈，促进高新技术产业化。

（2）智慧林业两化融合工程

加快林业产业的信息化建设步伐，以企业为载体，加强信息技术在生产、制造、流通、销售等各环节的应用，提升林业、企业两化融合水平，全面提高我国林业生产管理水平及产业竞争力。一是林业生产装备智能化。林业机械化、信息化、智能化、服务化是智慧林业生产的重要内容和显著标志，加快林业技术装备发展步伐是转变林业发展方式的重要途径。加快对先进技术的引进、消化、吸收和再创新，积极建立具有自主知识产权的核心关键技术体系，加强现代电子技术、传感器技术、计算机控制技术等高新技术在林业生产装备中的应用。二是林业企业生产管理精细化。以企业为主体，围绕林业采伐运输、生产制造、养殖栽培等领域，提高林业企业信息化水平，推进企业从单项业务应用向多业务一体化、集成化转变，从企业信息应用向业务流程优化再造转变，从单一企业应用向产业链上下游协同应用转变，深化信息技术在企业设计、生产、管理、营销等环节的应用。三是林产品质量监测实时化。加快建立完善的林产品质量监督检验检测体系，实现采伐、运输、生产、仓储、配送、销售等全过程的数据可追溯、质量可监控、信息可查询。

（3）智慧林地信息服务平台建设工程

加快建设全国统一的林地信息服务平台，基于林业地理空间信息库，建立智能、精准、便捷的林业资源分布图，创建"林业地图"板块，为林业政府部门提供准确的林业资源查询方式，令其及时了解林业资源在山间地头的分布情况，另外也为相关用户提供从省到林场的综合性林业信息查询服务。加快全国林地测土配方系统的完善和对接，便于人们准确了解林地土壤成分及环境状况，更好地把握土地、树种、土地与树种之间的关系，解决林农植树凭感觉走，靠天吃饭的现状。通过该平台的建设，为林业生产、管理与决策提供服务，为林业政府部门、广大林农及涉林人员了解林业分布、科学营林提供技术咨询，促进我国林业的可持续发展。

（4）智慧生态旅游建设工程

建设智慧生态旅游公共服务平台，为广大消费者、林业生产者等提供便捷化、智能化、最优化的服务，还可以加大对森林公园、自然保护区、湿地公园等森林旅游景区的保护，树立优秀生态旅游品牌，全面提升生态旅游的行业形象和综合效益，进而实现可持续发展。该平台主要具有信息查询、景点大全、线路攻略、品牌推广、网上体验、知识管理、规划指导等功能。建立全国林业旅游基础数据库，制定数据采集规程和标准，建立公平、透明、开放的林业旅游行业监管体系，全面加强林业旅游业发展的预测、预警，重点对林产品进行监测分析，提高重点景区、市场动态监控分析能力，有效支撑节假日和重大活动期间的旅游市场分析运行，提升电子化营销水平，提高人们对林业旅游的认可度和信任度，扩大生态旅游规模。

（5）林业智慧商务拓展工程

通过林业智慧商务拓展工程的建设，构建一种市场信息畅通、规范、高效的林产品流通新模式，为林企和林农提供智能、便捷的服务，提高林业整体效益，促进林业产业的快速健康发展。包括林权交易平台、林业电子商务平台、林业智慧物流系统、林业智慧物流园等。

（6）林业智慧社区建设工程

在我国新型工业化、信息化、城镇化、农业现代化融合发展的推动下，需要找准新的切入点，加快林区信息化建设，提升整体发展水平。规范化、标准化、智能化的智慧社区建设成为促进城乡一体化、提升林区民生质量的重要途径。通过林业智慧社区信息基础设施建设和智慧社区综合管理服务平台建设等，构建一套线上、线下相结合的社区管理服务系统，包括智慧社区政务、社区管理、社区服务、社区生活及林区生产等方面，全面提高林区民生质量。

5. 大力构建智慧林业标准及综合管理体系

根据智慧林业发展目标，按照国家林业行业标准及相关管理制度的要求，优先建设一套以智慧林业标准、制度、安全等为核心的综合保障体系，有力保障智慧林业的建设运营。

（1）智慧林业标准体系建设工程

标准规范体系建设是智慧林业建设的基础性工作。在智慧林业建设和运行维护的全过程中，要遵循统一的标准、规范和相关技术规定，以保障信息资源的有效开发利用，云平台、计算机网络和其他设施的高效运行。智慧林业标准规范体系工程包括总体指导标准，信息网络基础设施标准，信息资源标准体系，应用标准体系，管理类标准等。

（2）智慧林业制度体系建设工程

林业信息化建设需要在遵循国家有关法律法规的基础上，建立健全日常事务、项目建设实施、信息共享服务、数据交换与更新、数据库运行、信息安全、项目组织等方面的管理办法和制度，为林业信息化建设保驾护航。在智慧林业建设运营过程中，需要制定出台更具针对性的制度体系。

（3）智慧林业运维体系建设工程

运维体系是智慧林业建设的根本保障，建立完善的智慧林业运维体系将对提高林业系统绩效、构建智慧型林业起到至关重要的作用。应按照"统一规划，分级维护"的原则，制定智慧林业系统的运维体系。运维体系主要由服务体系、管理体系、服务培训体系、评估考核体系四部分构成。

（4）智慧林业安全体系建设工程

智慧林业安全的总需求包括物理、网络、系统、应用、数据、管理等，其目标是确保信息的机密性、完整性、可用性、可控性和抗抵赖性，实现信息系统主体（包括用户、团体、社会和国家）对信息资源的控制。

第二节 互联网+时代背景下农业平台体系的发展

一、农村土地流转公共服务平台的建设

（一）农村土地流转概述

农村土地流转是指农村家庭承包的土地通过合法的形式，保留承包权，将经营权转让

给其他农户或其他经济组织的行为。农村土地流转是农村经济发展到一定阶段的产物，通过土地流转，可以开展规模化、集约化、现代化的农业经营模式。农村土地流转其实指的是土地使用权流转，土地使用权流转的含义，是指拥有土地承包经营权的农户将土地经营权（使用权）转让给其他农户或经济组织，即保留承包权，转让使用权。我国现实的农地制度是农地所有权归村集体所有，经营权与承包权归农户。基本公共服务是指建立在一定社会共识基础上，由政府根据经济社会发展阶段和总体水平来提供，旨在保障个人生存权和发展权所需要的最基本社会条件的公共服务。主要包括四大部分：底线生存服务，如就业、社会保障等；基本发展服务，如教育、医疗等；基本环境服务，如交通、通信等；基本安全服务，如国防安全、消费安全等。农民工基本公共服务均等化就是维护农民工的基本权益，这包括平等的政治权利、平等参与经济活动权与平等的发展成果分享权。

（二）农村土地流转公共服务平台的发展状况

1. 农村土地流转公共服务平台的建设内容

建立土地流转服务中心、服务平台，实质上就是为农村土地流转活动提供一个交易行为的活动场所和信息交流平台，只有拥有开展工作的硬件设施、软件功能，才能充分发挥土地流转服务平台的重要作用。服务平台要有必要的硬软件设施建设，首先要有适应土地流转交易活动的交易场所，有区、乡（镇、街、场）两级信息联网体系，村级服务站在村委会要有固定的办公室。在软件建设方面，区、乡（镇、街、场）两级要有固定的网站网页，有充实可靠的转出、转入和流转成交的信息；交易大厅要有《农村土地流转规则》《土地流转运作流程图》《土地流转服务承诺》《工作人员守则》《工作人员违纪违规行为监督查处办法》《土地流转服务指南》《财务管理制度》《农村土地流转须知》等相关制度和资料公示上墙。建立和完善相适应的配套服务组织是关系到土地流转进程顺利与否的重要因素。各乡（镇、街、场）经管站要根据需求积极组建由区、乡农业、经管、国土等部门参与成立的农村土地评估组织，并充分参考当地生产水平和农民的意见，对要求评估的土地及时进行收益评估，促进土地流转工作稳步有序进行。

2. 农村土地流转公共服务平台运作模式及运作机制

（1）运作模式

先由转出户和需地户向村服务站提出申请，说明流转的原因、期限、形式、价格等，以村为单位登记，上报镇街土地流转服务中心，经审查和收益评估后，在交易服务大厅信息电子显示屏公布，然后组织转出方和受让方进行洽谈协商，免费进行流转合同的签订、鉴证、归档管理。

（2）运作机制

健全镇街农村土地流转服务中心工作制度，坚持公开、公平、公正，合情、合理、合法的原则，遵守土地流转规程，恪守职业道德。引导土地转出方和需求方自觉向镇街土地流转服务中心提出申请并进行登记，避免农户之间自发无序流转，为防止因土地流转发生纠纷，市级成立土地承包纠纷仲裁委员会，并建立仲裁庭，各镇街要成立土地承包纠纷调解委员会，并建立调解庭。对因土地流转发生的纠纷及时调解仲裁，以保障土地流转工作的顺利进行。

3. 农村土地流转公共服务平台建设原则

要坚持以人为本、服务为主、便民利民、发展生产、提高收入的原则。把服务群众作为区（街镇）土地流转服务中心工作的出发点和落脚点，将群众的满意程度作为衡量建设成效的根本标准。

坚持政府扶持，经管服务的原则。政府发挥财政扶持主导作用，经管部门充分发挥服务职能，最大限度地实现信息共享，逐步实现服务的社会化、市场化和规范化。

坚持因地制宜，分步实施的原则。根据各地的实际情况统筹安排，科学规划，合理布点；建设过程分步实施，重点打造一批示范服务中心，以点带面，逐步推广完善。

4. 土地流转咨询服务制度建设

第一，农村土地流转服务管理人员要明确并掌握相关法规及政策，在此基础上将优质咨询服务提供给有需要的农户。

第二，工作人员要热情接待咨询农民，要始终用礼貌、耐心的态度待人，在服务过程中保持语言文明、解释到位。

第三，定期对员工进行业务培训，让员工具备更高的业务能力和政策水平。

第四，为农户提供多种咨询方式，例如设立咨询服务台、开通咨询热线、设置显示屏幕及宣传牌等，并借助网络及多媒体渠道进行相关政策法规的宣传。

第五，咨询服务内容包括：受理、解答农村土地流转法律、法规、政策、土地流转知识、农村土地流转程序、农村土地流转供求信息等咨询。

二、农业电子政务平台的建设

（一）农业电子政务的定义

电子政务是指国家机关在政务活动中，全面应用现代信息技术、网络技术以及办公自动化技术等进行办公、管理和为社会提供公共服务的一种全新的管理模式。我国一直以来就十分重视农业发展，农业在我国经济发展方面发挥着极为关键的作用。在农村地区加强电子政务建设，能够有效推动农业经济发展，并且为农村经济打造现代化优质平台。电子政务对信息技术进行了有效利用，让政府组织和工作流程在互联网的支持下实现优化重组，让政府所提供的服务变得更加高效、优质和透明。具体而言，建设农村电子政务平台需要做好下列工作：

1. 依托数字农业网络搭建政务公开平台

改革开放以来，政府职能发生了较大转变，总体上朝服务型政府发展。政府的职能在于管理、服务和保障。为进一步建设好农村地区，政府相关部门可利用现有资源打造农村电子政务平台，通过该平台将政府工作流程展示出来，让农民能够随时随地对政府工作进行监督。

2. 完善监督机制，强化廉政建设

网络的存在方便了人们对信息的表达和传递，因此政府可加强门户网站建设，让公众借助网络平台就能够落实监督工作，并有机会通过网络参政议政。目前，让农民通过门户网站落实监督工作有助于提升民众的民主参与程度。近年来，农村地区相关部门积极搭建政府门户网站，将农村地区的管理、财务、信用等方面的工作情况上传至网络，自觉接受群众的严格监督。这也能够促使政府在日后的工作过程中更加公正、廉洁。

3. 提高机关效能，推行办公自动化

政府部门办公自动化系统应以公文处理和机关事务管理（尤其以领导办公）为核心，同时提供信息通讯与服务等重要功能。

4. 确保网络安全，强化内部管理

网络安全可靠是电子政务工程正常运转的关键。要认真贯彻落实国家、省、市关于电子政务网络安全的要求，按照积极防御、综合防范的方针，制定网络安全管理办法，建立电子政务网络与信息安全保障及灾难数据备份体系。从硬件、软件两方面保证电子政务网络安全，管理上明确权限划分，重要内容和资料非管理员不能访问，保证网络安全运行。

（二）农业电子政务的特征

目前的农业电子政务与传统政府公共服务之间既有相同之处，又具有一些不同。比较典型的差别在于农业电子政务具有突出的便捷性、平等性、直接性、低成本性等特点。

我国农业的生产特点及管理特点共同决定了我国必须进行农业电子政务建设并对其加以完善。相较于发达国家来说，我国在根据市场行情调节农业生产结构的能力、农产品在国际上的竞争力等方面仍旧较为薄弱。唯有建设并完善农业电子政务相关工作，农业行业

的生产者和经营者才能够借助网络平台获取农产品市场上的最新资讯，才能够根据市场需求等对自身的生产结构进行调整，降低农业生产的盲目性，让最终生产出来的农产品更加符合市场需求。另外，农业电子政务从某种程度上来说也是对我国现行农业管理体制的补足，能够推动农业领域各相关部门之间的信息共享，为农业行业的迅速发展助力。

（三）农业电子政务的实际应用

我国有着大量农村人口，农村土地分布较为分散，农业生产效率始终维持在较低水平，农产品在国际市场上并不具备较强的竞争力。当前，我国农业正逐步朝现代农业发展，在此过程中离不开对信息技术的利用和对信息资源的获取，这就使得农业生产服务部门要将科学的信息服务提供给有需要的人。现代农业将产业理论视为重要依据，注重市场信息的引导，注重对信息技术的应用，力求谋求农业领域的可持续发展。在此背景下，农村地区相关部门和组织不仅要积极打造电子商务平台，还要积极建设发展农业电子政务，争取让农产品在营销方面也实现变革发展。

三、农业信息服务体系的构建

（一）农业信息服务体系的定义

农业信息服务体系是以发展农业信息化为目标，以农业信息服务主体提供各种农业信息服务为核心，按照一定的运行规则和制度组成的有机体系。农业信息服务体系与农业信息体系、农业市场信息体系不同。农业信息服务体系是农业信息体系的保障体系，农业市场信息体系则是农业信息体系的一个组成部分。农业信息体系的核心问题是研究组成该体系的农业信息资源的类型和结构，研究"是什么"的问题；而农业信息服务体系则是研究如何有效整合农业信息资源从而为农业信息体系的建立和运行提供保障，研究"怎么做"的问题。农业信息服务体系侧重于研究"主体的行为"，即研究农业信息服务体系的运行方式及农业信息服务主体如何提供信息服务。

（二）农业信息服务体系构建原则

相关部门和组织要按照下列原则来搭建农业信息服务体系：

1. 系统化原则

最终搭建起来的农业信息服务体系应当是十分完整的，并且要做到功能齐全、层次清楚，有着明确的主体。

2. 动态化原则

因为农业领域的生产活动和经营活动在很大程度上受到季节等因素的影响，所以最终搭建起来的农业信息服务体系要与农业的生产和经营规律相符合，力争让所提供的信息更符合用户需求。另外，该体系还要随着农业行业的发展而不断优化升级，故而其运行有着突出的动态性。

3. 针对性原则

为了更好地发挥作用，农业信息服务体系的运行方式、服务内容都应当是特定的。信息服务体系中的服务主体要对农业市场的发展变化情况加以及时了解和把握，并力争将最优质的信息产品和服务提供给农业信息用户。

4. 效益性原则

这里所说的效益具体涵盖了两个方面：农业信息用户效益和农业信息服务主体效益。最终建设起来的农业信息服务体系，不仅要将有效的信息服务和信息产品提供给有需求的农户，同时还要考虑到信息服务主体的利益，尽量令其生存需求得到一定的满足。

5. 竞争性原则

目前农业信息服务主体总量不多，但是各主体仍旧要完善自身的服务手段和模式，争取在农业信息服务领域形成自身优势，提升自身竞争力。因为农业信息服务行业正处于迅速发展进步的过程之中，将来会有更多主体进入该领域，唯有形成强有力的核心竞争力，才能够为将来的顺利发展奠定坚实基础。

（三）农业信息服务体系构建思路

1. 探究并明确农业信息服务的目标

通常人们在对一个系统展开研究时，往往会先确定其结构，之后再研究其功能及绩效。而若是想将系统结构确定出来，首要任务就是明确系统目标。对农业信息服务体系而言亦是如此，唯有真正弄清楚农业信息服务体系想要实现什么目标，才能在现有的基础上进一步探寻出实现目标的具体路径。国家层面上的农业信息服务体系需要全国农业信息化的整体发展目标，既要全面，又要重点突出。而区域层面上的农业信息服务体系，则主要从地区的农业生产、农村生活实际出发，制定出符合该区域特点和实际需要的农业信息服务目标，解决基层实际问题。

2. 设计体系结构

体系结构是指主体的结构框架，实际上就是各类农业信息服务组织和个人组成的结构形式。一般来说，信息服务主体的形式、规模、专业化程度、组织化水平、驾驭信息的能力以及对信息的定价和发布结构都是选择主体的依据。由于农业信息服务最终要落实到主体提供的服务方式和服务内容上面，在对体系结构进行设计的过程中，一项重要任务就是选择主体的数量及类型。在进行选择时不可单方面地追求主体的数量，而是要从现实情况出发选取出最为合理的主体类型及数量，让最终确定出来的体系结构具有较为突出的发展潜力。

我国现行的农业信息服务体系存在着这样的问题：服务主体数量少且结构单一，功能不够多元。从服务主体的结构方面来说，国家层面和区域层面的农业信息服务体系存在着不同的问题，前者的问题是服务主体同质化倾向明显，服务类型较为接近，也就是从总体结构上来说不够合理，而后者的问题则集中在服务主体数量较少，尚未上升到结构方面的问题。

所以，在对农业信息服务体系结构进行设计的过程中，要从体系自身的特点出发，对主体做出恰当选择。在选择国家农业信息服务体系的主体时，为了让内部主体结构更加优化，要始终遵循多渠道、多角度的选择原则；在选择区域农业信息服务体系主体时，要从区域现状出发，选取出那些能够有力推动地方农业信息建设工作发展的主体，并明确给出最为合适的主体数量。

3. 探究主体功能及特点，力争实现主体功能良性互动

在对体系优劣进行评价的时候，不能单纯地查看其构成要素，还要探究这些不同的要素之间是否保持着良好的关系。若是不同功能主体之间彼此对立，拒绝与其他主体的协同配合，那么该体系就无法顺利地运行下去，最终所提供给农户的服务效果也并不理想。因此，在建设农业信息服务体系的具体过程中，要在其"属性"功能的基础上进一步探究其"附加"功能，并尽量实现体系内部各主体之间的良性互动。

4. 研究农业信息服务体系的运行方式和运行机制

体系具有动态性和开放性，必须通过自身的运行才能实现既定目标。运行方式直接决定着农业信息服务体系的运行效果，而运行机制对运行方式则起到保障和促进作用。因此，构建农业信息服务体系，必须要选择和整合其有效的运行方式和良好的运行机制。

（四）都市型农业信息服务体系

1. 都市型农业信息服务体系框架

（1）农业信息资源支撑体系

农业信息资源支撑体系主要由农业信息数据库、农业生产知识库、农业专家系统等构成。农业信息资源的开发利用主要是对分散、无序的农业信息资源进行有效的采集、加工、处理，实现农业信息资源的信息化、标准化、数字化，为其传输和推广应用提供方便。

根据农业和农村经济发展的实际情况，充分把握农业信息用户的信息需求特征，有针对性地进行农业信息资源的开发，对分散农业信息进行有效的采集和处理，使之数字化、信息化，建立学科领域覆盖面广，实用性和针对性强的农业信息数据库、农业生产知识库、农业专家系统，以实现农业信息的规范化、标准化，提高信息资源的完整性、可获得性和适用性，为农业生产管理和经营者提供全面、及时、有效、易用的农业信息资源，以满足其信息需求。

①农业信息数据库

采取有效的农业信息采集机制和手段，加大农业信息的采集和加工整理力度，同时，加强农业信息的分类整理和加工处理，提高农业信息的实用性和易用性，建立一批学科领域齐全、内容丰富、质量高、实用性强的农业信息数据库，如农业资源、农业科技成果、农业生产管理、农产品市场信息、农业生产资料、动植物病虫害防治、农业法规及政策等数据库。

②农业生产知识库

从实用性的角度出发，在农业信息资源开发利用过程中应针对各地实际农业生产情况，通过对专家知识的收集、整理、加工，建立针对性强、实用性好的农业生产知识库。

③农业专家系统

农业专家系统是一种智能程序子系统，内部蕴含了大量农业专家的知识和经验。它可以利用专家提供的知识和处理问题的方法来解决农业过程中出现的复杂问题。农业专家系统中的知识内容来源于专家，但又高于专家，可代替农业专家进入农业生产第一线解决农业生产问题，在一定程度上弥补了农业专家和技术人员不足的问题。针对具体的区域、具体的作物或畜禽品种，应着力开发区域特色明显、实用性强的农业专家系统。

（2）农业信息传输体系

农业信息传输体系是指由农业信息传输技术和手段组成的技术系统，其功能主要是为农业信息传输和应用提供通道，以实现农业信息的快速传递与反馈。信息传输手段的可获得性、可操作性以及信息传输的经济性和效率，将在很大程度上决定信息用户是否采纳和应用该信息传输手段。

通过技术集成，构建集电话、网络、手机短信、视频等多种信息传输手段于一体、互为补充、相互促进的农业信息协同传输平台，采用不同的农业信息传播媒介和手段，为不同农业信息用户提供农业信息传输服务，从而提高农业信息的传输速度和利用效率。

（3）农业信息服务组织体系

农业信息服务组织体系是由农业信息服务领导者、管理者、服务机构、服务人员等诸多要素按照一定方式相互联系起来的有机系统。农业信息服务组织体系的主要职能包括以下几个方面：第一，充分发挥领导的组织能力，组织和协调人、财、物等资源进行农业信息服务体系的建设。第二，建立相应的农业信息服务机构，制订相关工作计划和管理制度，搞好日常运行和管理工作。第三，充分协调和调动相关资源和技术力量开展农业信息服务。农业信息服务体系建设是一项系统工程，具有公益性强、牵涉面广、投资多等特点。无论是目前亟须实现的信息化基础设施建设、技术集成，还是将来保证信息服务体系正常运作、提高信息服务质量的信息流拓源、业务模式创新等，都必须要有一个强有力的组织体系为保障。

农业信息服务具有较强的公益性特征，作为公共管理和服务机构的政府来说，应将农业信息服务纳入各级政府的重要工作职能之列。从国外发达国家农业信息化发展的成功经验来看，也无不体现出政府对农业信息服务体系建设和运行的引导和组织实施。以政府为主体的农业信息服务组织形式的特征，是通过行政驱动来促进信息服务工作的顺利进行，其优点是宏观调控能力强，能够把农技、农资、供销、金融、教育等部门协调统一起来，协同完成大型的技术推广项目和促成大规模的农业信息服务活动。另外，由于在政策、法律法规、农业信息资源数据库、财政资金等方面的优势，因此这种组织形式在农业信息的综合服务方面具有显著的优越性。例如，在农业政策信息的宣传、大型信息化建设项目的执行、对农业市场宏观信息的把握等方面都具有明显优势。

要建立由各级地方政府牵头，涉农事业单位、企业、行业协会和组织等多方参与的农业信息服务组织体系，充分实现资源的整合，共同推动农业信息服务体系的建设和发展。一方面，要建立农业信息服务组织领导体系，对农业信息服务工作进行统一领导、统一规划和统一部署，组织和协调政府相关机构、涉农事业单位、通信企业等各方面的资源和力量，进行农业信息服务体系建设工作。另一方面，在信息服务的开展过程中，为了提高农业信息服务质量和效率，需要整合农、林、牧、渔、科技、农技推广、专业协会等各部门、各单位的专家资源，建立学科领域齐全、专业结构合理的农业信息服务专家队伍，为农业信息服务提供专家资源支撑。

（4）支撑保障体系

支撑保障体系涉及基础设施、信息化标准、安全与综合管理、应用支撑等方面。

基础设施是农业信息化建设的物理平台。必须在统一的标准规范体系和安全体系框架下，有序地建设和管理标准统一、功能完善、安全可靠的基础设施。

标准规范体系是农业信息化建设的基础工作。尽快制定农业信息分类、采集、存储、处理、交换和服务等一系列标准与规范，建立完善的农业信息化标准规范体系，为应用系统、应用支撑、数据库和基础设施建设的规划、设计、实施和运营提供依据。

安全与综合管理体系是农业信息化建设的重要保障。结合基础设施建设，配置安全设施，制定安全规章和策略，健全安全管理机制，逐步形成农业信息安全体系，为应用系统和数据库的推广应用提供安全保障。建立健全与全国农业信息化建设要求相适应的管理体制，成立专门机构，充实人才队伍，推动综合管理体系建设，为农业信息化工作持续稳定推进提供组织保障。

应用支撑是实现应用系统开发的重要工具。应用支撑是从不同的业务流程和功能中提炼出来的，包括基础、通用的农业业务流程、农业空间数据模型及农业邮件、农业短信、统一认证体系等管理工具，为应用系统提供统一的服务访问接口。应用支撑主要是缩短各应用系统建设开发周期，使不同系统的完善和扩展遵循统一规范，解决应用系统开发过程中可能出现的低水平重复建设和"信息孤岛"等问题。

2. 都市型现代农业信息服务体系子系统

（1）农业农村局政务网络平台

农业农村局政务网络平台的内容包括为涉农单位和公众提供统一互联网访问入口和集中管理控制的"一站式"门户，包括一站式行政事项审批、单点登录、统一认证、虚拟站点集群、搜索引擎等服务；为城市各级农业、畜牧兽医、海洋与渔业管理提供部门间政务协同服务；为涉农企业及农业主管部门提供完善的财政支农资金项目的申报和管理服务；为城市各级农业领导机关提供科学决策所需的农业、畜牧兽医、海洋与渔业信息汇总、分析服务等。

（2）农业生产经营服务网络

①农业生产经营服务子系统。为物联网、新一代移动通信、云计算等先进信息技术与现代农业的融合，为龙头企业的农业物联网技术推广应用、现代农业、特色农业、都市农业的物流定位跟踪、设施生产远程控制、安全生产、环境监测应用等提供服务；为现代信息技术在农业产业化组织中的普及应用，龙头企业、农民专业合作社等多终端移动式信息服务，农作物病虫害综合防治信息库建设及远程视频专业辅导等提供技术支持和服务。

②农业数据及重大疫情灾情监测预警子系统。为物联网、新一代移动通信技术、云计算、3S（即遥感技术、地理信息系统和全球定位系统）等现代信息技术在农业监测预警领域的集成与应用服务，建立完善农业数据采集、分析预警体系，加强对农产品生产基地、批发市场基础数据的采集、整合、分析。以主要农产品需求、产量、价格等数据为监测基础，建设农产品供给安全信息系统，提升地区农业综合监测、市场预警能力。建立完善动

植物重大疾病、病虫害监测预警体系及农村气象灾害预警信息综合发布系统，进一步提高农村防灾减灾能力。

③农产品质量安全信息服务子系统。建立农产品质量安全溯源信息平台和疫病监测防控信息平台，建立覆盖农产品生产、流通、加工、销售全产业链的诚信档案，推进农产品质量安全信息公开与共享。建立农产品安全农药使用信息库，从源头遏制农产品农药残留超标及滥用。建立农产品网络化认证和监管平台，加强基于农产品生产信息监管、信用记录、用户评价的农产品智能化认证，保障农产品质量安全。

④农村电子商务子系统。打造符合我国农村当前情况的电子商务平台，在农村地区建设电子商务服务中心，让农产品能够顺利实现线上销售，并让线上电商平台和线下展会结合起来，共同为消费者提供完善的销售服务。倡导大型企业或者是电信运营商带领和帮助部分农民办理"农家网店"，充分利用互联网优势推动农产品的品牌宣传、提高产品销量。积极开展农民培训活动，将电商方面的知识和技能传授给农民，真正让他们做到自主经营网店，让他们利用互联网的优势实现农业收益的最大化。

⑤农村现代物流信息服务子系统。开展"五农对接"信息化示范工程，推动农产品供应链全程信息化服务，加强农产品供需对接。深化农村物流信息化改造，建立农村现代物流、连锁经营、配送管理等服务平台，优化重点农产品物流信息查询、智能配送、货物跟踪等信息化服务，研究建立工业品下乡与农产品进城双向流通模式。加强农产品批发市场和冷链供应等一体化物流信息化平台建设，逐步形成覆盖城乡的现代物流信息服务体系，推动农产品多式联运，提高流通效率。

（3）农村综合信息服务网络

加强农村综合信息服务门户、农村信息服务站点、服务窗口、信息员队伍等建设。推动政府各部门及社会涉农服务的集成，集中开展农村大数据应用与推广。拓展服务站点和窗口的"村务公开""便民服务""学习培训"功能，推动农村信息数据收集整理规范化、标准化，提高数据采集和应用水平，努力实现平台支撑高效化、涉农服务一站化、基层站点村务管理一体化、村民服务便捷化、村民学习终身化。

（4）农业数据服务网络

建成先进实用、安全可靠，集基础性、全局性的农业、畜牧兽医、海洋与渔业信息资源存储管理、共享与交换、发布、应用服务、托管、安全管理、标准制定、技术支持等功能于一体的农业、畜牧兽医、海洋与渔业数据中心，构建农业、畜牧兽医、海洋与渔业基础信息资源的集中存储与规范管理平台，逐步形成标准、开放的农业、畜牧兽医、海洋与渔业信息资源的服务窗口，成为农业、畜牧兽医、海洋与渔业行业信息枢纽及交换中心，为社会公众提供农业、畜牧兽医、海洋与渔业信息查询服务。

（五）农业综合信息服务体系运行机制

1. 运行机制

为了协调农业领域与相关各方的利益关系，就需要构建起科学、合理的利益分配机制，让各方参与者在该机制下都能够收获较为合理的利益，并有效地对潜在风险进行规避。

（1）建立多渠道投资机制

目前，我国在农业信息服务体系方面的总体投入仍旧不足，无法令信息服务体系建设的全部需求得到满足。而解决上述问题的一个有效方法就是建立多渠道投资机制，可以让政府和社会进行分类投资。政府投资主要用于公共基础建设方面，社会组织的投资则更多地用在体系的运行及维护等方面。在农业信息服务体系的建设和完善方面，政府应当肩负起主要责任，发挥关键作用，同时，政府也要积极倡导社会组织参与到信息服务体系的完善工作中来，在体系的运营和服务方面贡献自己的一份力量。

（2）实现政府、企业与社团之间的协同服务

农民社团经营服务层次低与农民全方位的信息需求之间存在着一定的矛盾，推动政府、社团和企业这三者之间的协同服务，能够令上述矛盾得到有效的解决。实现政府、社团和企业之间的合作，能够将政府和企业的优势充分发挥出来，例如政府能够提供政策、资金等方面的支持，企业在市场、科技方面能够提供较为科学、精准的服务。另外，在三者联动的过程中，政府和企业也能够得到相应的利益。在这样的协作模式下，农民社团组织能够给农民提供更优质的农业信息服务，让农民在丰富的信息资源的支持下实现增产增收。

（3）变分散服务为集中服务

以农村社团组织作为联系农村龙头企业与基层农户的纽带，把企业对分散农户的服务转化为对农民组织的服务，降低企业的信息服务成本，解决龙头企业利益最大化的经营目标与对分散农户的信息服务成本过高之间的矛盾。农村龙头企业通过转换服务对象降低对分散农户的信息服务成本和生产过程中的监管成本，同时，农村社团组织通过接受企业的技术培训也能提高自身的科技能力，能够更好地为组织成员服务，双方互惠互利，形成良性机制。

（4）变个体消费为整体消费

当前很多农业信息企业主要在"售卖"农业信息资源，即农民交费之后才可以获取信息，但很多农民本身不具备较高的消费能力和消费水平，这就造成了信息企业和农民之间的消费矛盾。将原本的农民个体消费，转变为农民集体消费，有利于上述矛盾的解决。当

前，我国很多农村地区经济仍旧处于较低的发展水平，农民在收入不高的情况下往往不会花钱购买农业相关信息，所以信息企业也无法迅速地通过售卖信息产品实现盈利，这就使得很多企业不愿意将时间和金钱耗费在信息服务方面。所以，相关部门要组织农户形成社团，并倡导他们在信息服务方面进行集体消费，降低个体消费成本，让他们更便捷地获取到农业信息。这样也能够有效地为信息服务企业打开农村地区的市场，促使企业以较快的速度将信息产品销售出去，在为农户提供信息服务的同时实现盈利目标。

2. 实现途径

（1）优化信息服务环境

第一，强化组织领导，对农业信息相关制度加以规范完善。根据农村信息工作的特点，对信息平台、数据库、应用系统等建设和对信息采集、流通、发布等各个环节建立相关的制度标准，主要包括农村信息服务站网络建设标准、农村信息资源数据库及应用系统技术标准、农村信息服务点认定标准、农村信息员认定标准、农村信息员工作制度，通过制度标准保障工作的科学性，提升服务的针对性，强化信息的有效性。

第二，增加资金投入数额。在农业信息化建设工作中，政府始终占据着主导地位，因此，政府应适当地对农业领域的财政支出比例进行调节，确保在不超出预算的前提下将更多资金投入在农业领域。另外，政府可以成立农业信息化建设专项资金，并将大量资金用于关键项目上，确保以最少的资金投入收获最为理想的农业发展效果。

第三，提升农民综合素养及信息运用能力。相关部门可与乡镇上的学校建立合作关系，利用学校的教室为农民开展信息化培训活动，将信息获取和运用的具体方法传授给农民，让他们在互联网时代能够用更便捷的方法获取农业行业及农业市场信息，并成功地将这些信息资源运用在实际的农业生产和销售活动之中。

（2）大力加强农业信息化基础设施建设

坚持计算机网络建设与常规广播电视网、电信网等传播媒体建设相结合，充分利用多种传播渠道，实现各种信息服务媒体互联互动，做到信息服务手段实用有效。

第一，统筹规划设施建设，实现网络互通互联。以市级信息网络为中心，区乡（镇）级政府部门组织当地科技、农业、电信等部门进行县、乡、村各级的信息网络规划，加大资金投入，使信息基础设施连续、稳定地发展。

第二，网络新建与联合并举。积极发展计算机网络，同时以广播电视网、电信网建设为辅，逐步实现以标准统一的宽带网络为主、多媒体技术为主导、互联互通的完整的本地县、镇计算机网络，不断提高计算机网络运行质量和水平。

（3）促进农业信息资源的整合与共享

第一，加强农业信息资源统筹规划。推动农业信息规范化、标准化，健全信息收集和发布制度。围绕农业生产产业链和农民生活需求，重点开发和整合市场、科技、农资、气象、水利、生态环境、质量安全、政策法规等信息资源，注重开发利用特色农村信息资源，加强面向农业产前、产中、产后各阶段的信息服务功能。积极支持对各类农业技术推广组织、农业合作与中介组织、龙头企业、农业专业合作社、农业生产经营大户、农村经纪人等的信息服务。

第二，重视解决横向"信息孤岛"和纵向"网站内容类同"的问题。通过制度化建设，改变信息重复采集、分割拥有、垄断使用和低效开发的局面。在纵向方面，建立完善的信息采集指标体系，开发通用的信息采集软件，推行统一的数据标准，采用公用模块的方式，实现一站式发布，全系统共享，全面提升农业系统信息资源的开发水平。建立农业信息资源目录体系和交换体系，明确各级政府、组织、社会力量的分工与责任。要以政府开发、拥有与积累的农业信息资源的整合与共享服务作为突破口，带动全社会各种组织参与农业信息资源的开发与共享。

第三，建设信息服务站（点）、信息化体验中心等形式多样的信息服务场所与设施，鼓励与乡镇政府、村委会及种植业、畜牧兽医、渔业、经管、林业、水利、食品质量检测等乡镇服务机构相结合，建设农村信息综合服务站。农业信息服务站建设应该实现综合服务，也就是"一个站点、多种功能"。综合服务场所可以集成各种服务：超市（小卖店）、农资、农业信息查询、信息咨询、电子商务、电子政务代理、信息技术培训、科技服务、远程教育、电话亭、邮件（包裹）代办等。通过为各部门（商务、公共服务、社会管理）提供多项服务，提高信息服务站在农民中的信任度，降低综合运行成本。还可以通过多种途径解决农村信息服务站运行经费供给问题。

第四，要减少共性涉农信息资源的重复开发，要根据实际需求，集约建设一批开放共享的涉农公用信息数据库。加快涉农信息资源目录体系和交换体系建设。要面向"三农"需求，从用户出发，加强对涉农信息资源的深度加工处理，为用户提供易用有效的信息服务。

（4）建立健全乡村两级信息化服务组织

第一，强化乡村信息服务站（点）功能。加强乡村信息服务站（点）与相关业务的协同，利用乡村信息站（点），提高乡村两级事务管理的信息化水平，代理代办政府事务，促进乡务村务公开，完善乡村事务管理；用"一站式"的信息服务，实现区域内的信息交流和资源共享；对农民进行技能培训，提高他们的信息获取、应用能力。

第二，创新乡村信息服务站（点）服务模式。积极鼓励乡村信息服务站（点）运用计算机网络、广播电视、电话等多种信息传播途径，开展面向农民的多元化信息服务。

（5）加强农村应用信息系统的建设

第一，推进现代农业产业形成。加强粮食生产预测预报，建立和完善粮食安全监测信息系统，构建粮食安全预警体系。建立重大动物疫情监测和应急处理信息系统、动物标识及疫病可追溯信息系统，健全饲料安全管理信息系统，积极推行健康养殖方式。促进农业企业信息化建设，提高农业产业化龙头企业、农民专业合作社信息化水平及信息服务能力，鼓励农业电子商务实践，积极构建农业产加销信息一体化服务体系。建设各地特色种养业、特色产品信息平台，促进"一村一品"发展。

第二，推动农村电子政务。依托互联网，集约建设面向农村的公共服务门户网站，合理配置信息化公共服务资源，推动电子政务公共服务向农村延伸，提高办事效率。建立村务信息网络示范平台，实现农村财务、选举、固定资产、土地承包等信息公开，为保证广大农民知情权建立信息通道。开设农村政务电子信箱，拓宽农村社情民意表达渠道，增强农民的参政议政能力，促进村民自治和民主管理。

第三节　互联网+时代背景下农业营销模式的创新发展

一、农业品牌化

（一）"互联网+品牌农业"的主要发展方向

1. 细分品类领导品牌

目前市场上的快消品种类多样，但很多产品存在着模仿甚至抄袭问题，没有形成自身的特色，故而市场竞争力不强。企业要想让自身产品在市场上占据一席之地，就要尽快打造独特的品牌，赢得消费者的关注和青睐。

市场上农产品的种类也十分复杂多元，并且长期以来人们会依照品类来对农产品进行购买，但当前市场上形成品牌化发展的农产品数量较少，能够获得消费者青睐并且形成稳定客户群体的农业品牌更是屈指可数。

将来农业品牌化发展会趋于完善，农产品的细分领域也可能会涌现出来一些领军品牌，并在细分领域长期占据竞争优势，为品牌长期发展奠定根基。

2. 专属消费品牌

传统农业的作用在于维持人们的温饱，解决生存问题，故而其规模小、效率低、收益低。但随着现代社会经济和技术的不断发展，人们对于农产品也提出了更高的要求。未来的农产品也会划分等级，不同等级的农产品对应着不同的质量水平：一是大众消费品，它的目的在于满足人类生存需求，是人们生活中不可缺少的；二是中高端农产品，此类农产品更加强调营养、健康和味道，但其售价也比大众消费品更高；三是农产品中的奢侈品，它对事物属性更加注重，并且开始强调产品对饮食文化的彰显。

目前，农产品品牌化的发展速度仍旧较慢，中高端农产品和奢侈农产品的品牌可谓屈指可数。在这种背景下，若是农业企业能够做好市场布局，真正占领农产品资源，就有利于重塑大众的农产品消费习惯，实现自身的迅速发展。对于稀缺农产品来说，其市场空缺巨大，若是企业能够适时打造出稀缺农产品专有品牌，那么其品牌影响力就会迅速形成，并吸引一批忠实的受众"粉丝"，从而有利于实现企业的长期发展。

3. 知名服务品牌

农产品有着极为多元的种类，农产品产业链也具有突出的复杂性，从产品生产到树立品牌也是个十分漫长的过程。但是，农产品是人们生活中的必需品，每天的交易量都很大，农业企业也可以从服务方面入手打造农产品品牌，在服务方面探寻品牌特色。

农产品服务品牌也有着较多种类，在渠道、物流、终端、金融、售后等环节都可以优化升级服务。目前，一些早期入场的服务品牌的收益有了明显提升，如永辉超市、1号店、多利农庄等。服务品牌的形成在很大程度上影响着我国农业品牌化发展的进程，并且有效填补了目前我国农产品品牌领域的空白。

如今，我国农业品牌化发展已经步入新的阶段。毫无疑问，当前并未形成农业品牌格局，农业企业有着较大的发展空间和发展潜力，能够以较低的成本得到较为可观的客流量和市场份额。若是农业企业此时能够抢占先机，打造出具有较强稳定性的品牌格局，那么就会在农业行业占据领先地位，削弱其他企业的入局优势。

（二）建设互联网农业品牌的现实对策

在农业领域有规模农业和精品农业之分。若是企业将自身农业发展性质定义为精品农业，那么在营销时可实施会员制；但若是其农业生产已经达到了较大规模，那么就需要探索开发其他渠道，打造立体、全面的农产品营销体系，确保农产品能够顺利地销售出去。当然这一切的前提是要有较强影响力的互联网农业品牌作为支撑。在网络时代，农业企业为了更好地宣传和推广农产品，可以运用下列几种营销模式，为互联网农业品牌的打造提供保障。

1. 会员模式

当前，人们的物质生活水平相较以往有了极大改善，人们也更加注重食物的安全性。

在这种背景下，不少城市居民开始担心农药、激素、食品添加剂等会危害食品安全，从而更倾向于购买和食用那些真正无污染、原生态的绿色农产品。

长期在城市中生活的人往往会将农村的绿色蔬菜等农产品视为宝贵的美味。对于城市居民而言，无污染的绿色农产品俨然已经成为高端消费品。为了迎合人们的心理、满足人们的需求，很多农业企业开始推行会员制。在未来，会员制将会继续以较快的速度发展，并且业委会、同学会、商会等都能够成为助力其发展的关键角色。

城市中很多居民都有原生态农产品方面的消费需求，他们之中有的甚至愿意出高价购买这些绿色健康的农产品。因此对于企业而言，其任务就是尽快着手打造自身品牌，真正将那些无污染的农产品提供给消费者，让消费者在农产品方面的消费需求得到有效满足。

从长期发展的角度而言，未来会员制的形式可能会被农业行业淘汰，但从当前的市场情况来说，企业实施会员制能够精准地获取目标群体，并搭建起较为稳定的供货渠道。

2. 网络营销

在"互联网+"社会，网络营销逐渐进入人们的视野，它的到来令传统营销模式发生了巨大变革。若是企业能够成功运用网络营销模式对农产品进行售卖，那么它们就能够迅速扩大市场覆盖面积，获取更多的消费者。受到季节、成熟周期等因素的影响，很多初级农产品无法实现整年的稳定供应，因此，企业在开展农产品的网络营销活动时要限定营销范围，通常来说会选择在一线城市或者是省会城市进行营销。

明确网络营销目标后，为了优化营销效果、达到预期销量，企业需要借助平台对农产品的特点及优势进行宣传，让消费者对农产品有更加全面和准确的了解，并且将农产品的产销过程呈现给消费者，让消费者能够随时查找到农产品的出产地、生产厂家、物流运送等方面的详细信息。另外，企业可以注册社交媒体平台的账号，让消费者通过这些平台的账号实现和商家及其他用户之间的互动；企业可以借助平台多举办网络活动，并积极打造自己的多平台网络营销矩阵，争取让自身品牌有更大的影响范围。

3. 订单模式

订单模式和会员模式有着突出的相似性，二者的不同之处在于会员模式将特定用户作为主要消费群体，而订单模式则更倾向于和那些大型加工企业展开合作。举例来说，粮食类农产品品牌可以和加工糖类、面包等的大型加工企业建立合作关系；水果类的农产品品牌则可以和零食加工企业、饮料加工企业建立合作关系。

实际上，无论是农产品供应商还是农产品加工企业，都希望彼此能够建立长期稳定的合作关系，因为在发展过程中双方都要承受外在的竞争压力，若是供应商的总体供应量大幅提升，那么需求方可能会产生"以低价购买高质量产品"的想法；若是供应的农产品数量骤减，那么生产方又会给农产品制定较高的价格。若是供应商和加工企业能够长期稳定地合作，将农产品价格始终控制在合理的范围内，那么就能够实现双方的互惠共赢，避免其中一方因为种种原因而蒙受损失。

4. 配送模式

配送模式更适用于那些拥有稳定的企业级用户的互联网农业品牌。对于运用该模式的品牌方来说，它们应当能够提供多元的产品种类，能够将各季节所对应的优质农产品提供给用户。

在该模式中，较为常见的用户当属餐厅、酒店等，它们需要供应商每天为其提供稳定的多品类货源。通常来说，这些酒店、餐厅等一旦和供应商达成合作关系，那么它们就会长期使用供应商所提供的农产品，并且它们每天的需求量也是较为稳定的，方便供应商为其配货。另外，实施配送模式也十分有助于提升农业企业品牌影响力。

5. 专卖模式

对于品牌营销推广工作来说，其终极目标就是实施专卖模式。从很多奢侈品的销售现状可知，通过专卖店对商品进行销售能够获得十分可观的利润。该模式也可以应用在农业领域，农户可以在确保农产品质量达标的前提下，在农产品包装方面下功夫，并且打造农产品线下专卖店，借助产品和店面的形象塑造来促使产品品牌更加完善。

应当指出的是，此种营销模式需要花费较多成本，从而会令产品价格升高，为了令该模式得以顺利实施，运营方可先在一线城市进行试营业，等农产品专卖店形成较大影响力之后再在其他城市开设专卖店。

6. 广告模式

"褚橙"品牌是广告模式的代表。"褚橙"有广告产品的性质，其广告价值巨大，并且得到了不少名人的支持。农业企业也可以尝试对广告模式进行借鉴和应用，但应当指出的是，在该模式下农业企业所要打造的是一个广告载体，所以不可单纯地为了发展产品而发展产品。农业企业要将产品打造成公司的"广告牌"，用它来创造长期的宣传价值。

二、重塑休闲农业

（一）休闲农业的主要发展模式与主要经营类型

1. 休闲农业的主要发展模式

（1）田园农业休闲模式

主要通过农村地区的风光、当地特产及生产操作过程激发人们的兴趣，利用当地的资源，通过举办富有地域特色的游乐活动，让城市居民能够零距离亲近大自然，亲身感受田园生活。包括农业科技游、田园农业游、务农体验游和园林观光游四种类型。

（2）民俗风情休闲模式

主要通过当地的传统文化、民风民俗来激发人们的兴趣，重点体现传统农村地区的独特文明，举办乡村综艺活动、民间技艺，突出传统节日风俗，体现当地的文化传承，提高休闲活动的文化价值。包括乡土文化游、农耕文化游、民族文化游和民俗文化游四种类型。

（3）农家乐休闲模式

通过原汁原味的农家生活、地道的农产品、当地的山野景色来激发人们的兴趣。消费者不仅能够享受娱乐活动，还能在农户家中体验农村人的日常食宿生活。包括农事参与、休闲娱乐、食宿接待、民俗文化、农业观光和民居型六种农家乐类型。

（4）村落乡镇旅游模式

通过传统农村建筑以及如今农村地区发展的新面貌激发人们的兴趣。包括民族村寨游、新村风貌游、古镇建筑游、古民居游和古宅院游五种类型。

（5）休闲度假模式

以农村地区的田园风光、洁净无污染的空气、当地的文化特色、农村特有的生活方式为主导，开发度假区，供消费者度假、游玩，可以让消费者暂时告别快节奏的都市生活，放松身心。包括休闲农庄、乡村酒店和休闲度假村三种类型。

（6）回归自然休闲模式

开发农村地区的自然资源，比如在山区开展登山及远足活动，在湖泊较多的地方开展游船、滑水活动。包括林木繁茂的地区开展森林浴等，有露宿营地、森林公园、水上乐园、湿地公园和自然保护区五种类型。

2. 休闲农业的主要经营类型

（1）观光农园

主要针对林果、花卉、蔬菜和茶叶等农园开展一系列活动，消费者可在园内摘取水果、茶叶、蔬菜或者进行花卉观光，亲身体验收获的充实感。科技农业在经营过程中，采用先进的科学生产技术，让游客更加直观地了解现代农业发展。主要经营形式有药膳农园、基因农场、温室栽培、阳光农园、农技博物馆、生物工程和水耕栽培等。

（2）生态教育

这种经营方式主要是为了防止生态环境遭到破坏，同时向人们普及更多的知识。主要经营形式有有机农园、户外环境教育、户外野餐活动、生态农园、野生动物保育讲座和户外度假住宿等。

（3）森林旅游

以林木茂密地区的山野景观、广阔的森林、复杂的地形、多样的植被、野生动物、幽深的峡谷和清澈的溪水等吸引人们前来游玩。主要经营形式有森林步道、赏鸟、体能训练场、森林保育、森林浴、森林小木屋和自然生态教室等。

（4）农庄民宿

利用农村当地能够体现地域特色的建筑，以及原生态、特色农产品开展经营，为消费者提供食宿，让他们深入体验农村生活。经营形式有自然休养村、民俗村、渔村及普通农庄等。

（5）民俗旅游

为游客展示当地农村的民风民俗，以此开展经营活动。主要形式包括乡村居民建筑、民俗古迹、农家生活体验、乡村博物馆、农村民俗文化馆、农产品生产作坊和地方人文历史等。

（6）渔业风情

利用当地丰富的渔业资源，供游客休闲、观光和娱乐，向他们普及相关知识，在靠近海洋的地方发展航海及相关渔业体验经营活动。主要经营方式有建设海底世界、由当地渔民带领游客出海捕捞、允许游客在海边钓鱼等。

（二）"休闲农业+旅游"的体验营销实施路径

1. 把握消费者内在需求，准确定位消费市场

社会发展促进人民生活水平和消费水平不断提升，很多城市居民十分注重开展旅游活动、丰富休闲生活。在此背景下，休闲农业经营商应当明确休闲农业领域消费者的消费目的，并进而探寻出相较于其他旅游方式来说，休闲农业在哪些方面占据优势地位。举例来说，游客或喜欢农村的新鲜空气，或喜欢农村的幽静氛围，或喜欢农村的悠闲自在，或喜欢农村人民的热情好客的品质……经营商可以积极开展市场调查把握游客的内在核心需求，并以此为依据进一步完善和发展休闲农业。

2. 开发独特新型项目，注重消费者参与体验

相较于传统旅游模式而言，如今的消费者更加在意旅游过程中的体验感，他们的消费需求、消费习惯、消费行为等也和以往有着巨大差别。一般而言，人们往往会在一段时间内十分关注某种体验产品，这段时间过后人们对该产品的关注度就会逐渐下降，因此，为了提升休闲农业旅游产品对消费者的吸引力，经营者需要不断创新，对产品进行优化升级。

通常而言，很多休闲农业消费者想要在旅途中获得独特的、沉浸式的体验。为了令消费者需求得到满足，经营者需要不断开发与众不同的体验项目，让产品契合消费者的消费心理，从而让游客在旅途中更加全情投入，获得新鲜的旅途感受，收获精神层面的充分满足。具体而言，休闲农业经营者需要做好下列工作：

首先，准确把握消费者内心需求。经营商要通过多种方式了解消费者的消费习惯、价值观念及行为特点，并以这些内容为依据群策群力开发出更多契合消费者需求的多种休闲农业旅游产品，同时还要对服务体系加以优化和完善。

其次，激发消费者参与旅游项目的积极性。经营商在设计产品时要十分注重互动元素的添加和融入，让消费者产生强烈的购买项目动机，并在购买成功后通过项目获得沉浸式体验，帮助消费者在旅途中舒缓压力，愉悦身心。

3. 构建现代化管理体系，优化完善硬件设施

在休闲农业中供应商所提供的服务也具有突出的不可分离性，即服务的生产过程和消费过程始终是同步进行的。在休闲农业中，消费者在接受商家提供服务的同时也可以获得相关体验。因此从经营者的角度来说，既要将优质的基本服务提供给消费者，还要尽量赋予游客突出的体验感。

第一，进一步发挥相关部门的管理作用，让相关部门切实履行好自身职能，并能够实现彼此间的配合协作。

第二，针对休闲农业各领域制定明确标准，确保其在交通、市场、环境、资源等方面的发展都有制度保障。

第三，制定管理章程，确保休闲农业各项目能够实现规范化运营，同时有利于项目审核、团队组建、卫生检查、产品售价和服务调整等都符合制度设定。

第四，优化完善各项目所需的硬件设施，为服务质量的提升提供一定的保障。休闲农业项目经营商要确保旅游区域内有着较为完善的交通、水电、通信等设施，并做好食品安全、游客人身安全保护等工作，确保游客在游玩期间没有后顾之忧；另外，要完善旅游区域内的诸多配套设施，确保不因设施不完善而降低项目的服务质量，助推休闲农业的科学健康发展。

4. 提升营销人才质量，借鉴其他公司先进经验

为了使休闲农业的从业者具有更高的素质和能力，经营商需要积极组织培训课程，扩充从业者知识体系，提升从业者专业技能，让他们能够为消费者提供更加优质的服务，从而提高消费者对休闲农业项目的满意度。

休闲农业的经营发展涉及多个产业与领域，这就要求从事该行业的从业者具备较强的综合能力。因此，企业管理者要在不断充实自己的同时，组织各种内部学习活动或者培训活动，促使工作人员能够更加深入地把握旅游经济、农业规划、市场营销等知识，从而促使员工实现个人技能的提升。

另外，为了保护好农村生态环境，企业要在做好管理工作的同时加强员工生态环保意识、环保文化和技能等方面的培训，并且可以多和国内外的同行业企业进行交流，或者邀请其中的优秀人士到公司内部举办讲座等。公司也可以派遣部分员工到优秀企业学习，对其经验、技术等加以借鉴，以不断推动公司经营体系的完善。

三、农产品销售新模式

（一）农产品销售新模式的核心要素

1. 产品

当前，很多企业和农户生产的农产品商品特性不完整，且不具备完整生产线，其生产标准具有较强的主观性，因而给产品配送造成了一定的困难，也就间接地影响了农产品的销售数量。

在农产品的新型销售模式中，产品应当具备一定特性、产品系列、独立品牌、分类标准、包装标识等，唯有具备了这些，它才能够被称作商品。不管是农户还是企业，在销售农产品的时候，都应将这些内容完整、准确地展示给用户。

另外，农户还要做好农产品定位工作。目前，很多农户在介绍产品时能够准确地说出产品名称，但在介绍产品优势时却表述笼统，无法科学、准确地说出本产品相较于其他产品的具体优势所在。其表述浅薄、含糊，故而无法在众多产品中凸显自身农产品特色，不利于产品的后期推广。

2. 内容

企业开展产品销售活动需要将内容作为依托，借此来呈现企业在产品和服务方面的出色之处，吸引消费者进行付费购买。因此，为了获得预期的销售效果，农产品供应商在进行正式的市场营销前需要做的一项工作就是创造营销内容。这里所说的营销内容涉及产品的诸多方面，例如产品特点、生产过程、生长环境、品牌内容等。

农产品有着极为丰富的营销内容，在进行市场营销工作前，企业可以对营销内容进行深入挖掘和系统整理，并以恰当的形式将这些内容呈现出来，为后期的内容传播奠定基础。

3. 品牌

在农业行业中，很多农产品仍旧依靠原始方式进行售卖，尚未打造出自身的品牌。未成功树立品牌给农产品的营销造成了一定的阻碍，并成为农产品营销行业所必须面临的一个重要问题。出现这种情况，主要是因为下列两点：第一，农产品生产者并未形成树立品牌的意识；第二，没有切实地树立品牌的可行途径供农产品生产者执行。

当前，我国很多农产品用品种、产地等作为区别于其他农产品的重要因素。尽管部分产地的农产品在全国范围内已经有了较高的知名度，例如济宁的大蒜、攀枝花的芒果、莱阳梨等，但总体而言，它们无法被称作品牌，因为企业不拥有这些农产品的知识产权，故而企业在这些产品上无法受到法律保护，若是不法分子对企业权益进行侵犯，那么企业也无法顺理成章地通过法律来抵制和对抗各种非法行为。因此，在市场竞争日趋激烈的今天，很多农产品生产者开始形成了品牌意识，并在品牌建设方面投入了不少人财物等资源。

4. 渠道

很多农户对渠道营销缺乏基本的了解。长期以来，农户认为自身的任务主要是种植农产品，并在采摘收获之后将这些产品提供给经销商，若是经销商收购不完，就把农产品放在周边集市进行售卖。在这种情况下，农户往往不会主动地参与农产品的市场活动中，故而也就在很大程度上丧失了对渠道的控制权。遇到农产品增产丰收的年份，经销商可能会压低商品价格，从而致使部分农产品无法顺利销售出去；遇到农产品产量较低的年份，农户自身要承担减产所造成的巨大损失。

农产品营销需要走出农村。面向更为广阔的全国市场甚至是国际市场，理清从农产品的需求方到生产方的传播路径，并尝试找到切入点来进行渠道营销。

5. 传播

互联网上充斥着海量信息，要想在网络上顺利进行营销推广，生产者或者企业就要积极开发出与农产品相关的优质营销内容，若是可以运用好这些内容，那么就能有力地推动农产品的销量上升。农产品营销内容必然涵盖了农产品从生产到销售的诸多环节，因此，可以说农产品营销内容是源源不断、取之不尽的。另外，农产品的相关内容及信息往往会受到都市人们的欢迎和喜爱，他们会对这些信息予以极大的关注。

很多农产品生产者不具备较高的学历水平，并且他们不具备一些新技术、新思想，对新鲜事物的接受程度不高。因此，各地政府可以给农户进行一些培训，让他们对营销有更加深入的了解，助力他们通过科学的知识和技术在市场上提升自身的竞争力。

（二）"互联网+"背景下农产品销售对策

农业是我国国民经济的基础性产业，它提供着人类生存发展所不可或缺的重要资源，但是应当指出的是，作为农业生产者的企业或者农户在市场上地位较低，在农业产业的价值传递中始终未占据优势地位。要想解决该问题，就要提倡和引导农业生产者融入市场竞争，真正借助科学知识和先进技术来促进农产品的营销发展。

在当今时代，农业行业充斥着大量的同质化竞争，在这种背景下，发展和完善农产品网络营销能够有效地推动农户和农业企业的进步及发展。农产品网络营销为农产品的销售提供了现代化渠道，为扩展品牌影响力范围、增加农产品销量提供了重要助推力，在促进农产品供需平衡、增加农户收入方面发挥着重要作用。在网络时代，农业企业应当把握时代发展趋势，抓住时代赋予的发展机遇，力争通过各种现代化途径和方法实现农产品营销水平的大幅提升。

1. 开展农户培训，完善其营销认知

农业企业可以和政府联手开展对农户及企业员工的培训，让他们有更多机会接触和学习营销知识及技能，为他们搭建系统的营销体系，并力争将农户和企业员工培养成符合社会发展要求的新型信息化人才，让他们在农业行业的营销实践中发挥自身作用。

2. 实现产品全程追溯，增强百姓食品安全意识

为了确保所销售的农产品具有更高的安全性，很多农业企业和生产者通过网络技术、移动设备等打造出了农产品质量追溯体系。在该体系的支持下，消费者仅需用联网的手机扫描农产品对应的二维码就能够获取农产品从生产到销售所有环节的详细信息。这样一来，不仅方便了人们对农产品的管理和监督，也让品牌影响力有了大幅提升。

3. 拓展线上营销渠道，完善物流配送体系

在当今时代，互联网、云计算、大数据等现代信息技术已经得到了普遍应用，人们可以借助这些技术来拓展农产品的线上营销渠道，打造出具有多功能的农产品电子商务平台。农业企业可以将互联网的种种优势和农产品营销结合起来，实现农产品的现代化营销，让消费者能够通过互联网迅速获取产品的诸多信息。由此一来，那些信息公开、过程可追溯、产品质量优良的企业就更容易得到消费者的青睐。

4. 优化农产品信息服务，推动产品品牌化发展

相关部门及有条件的农业企业可以积极建设农产品信息服务平台，借助农产品产地及文化等方面的优势突出农产品特色，做好农产品的定位和宣传工作，让消费者更精准地把握产品品牌特色。企业要充分挖掘农产品的差异性，并对这些差异加以凸显，让品牌具备更强的溢价能力，为农产品后期的营销推广奠定基础。

参考文献

[1] 王光娟, 刘彦昌, 张红. 农业现代化和农业经济可持续发展研究 [M]. 北京：中国商务出版社, 2024.

[2] 孙鹏程, 黄琛杰, 李娜. 大数据时代下农业经济发展的探索 [M]. 北京：中国商务出版社, 2023.

[3] 孙涛. 互联网时代的农业经济发展研究 [M]. 北京：中国华侨出版社, 2023.

[4] 金琳, 金阳. 农业研发投入与农业经济增长问题研究 [M]. 延吉：延边大学出版社, 2022.

[5] 魏德刚. 农业经济与管理 [M]. 长春：东北师范大学出版社, 2022.

[6] 纪红梅, 武瑜春, 柳拥军. 现代农业经济与管理实务 [M]. 哈尔滨：哈尔滨出版社, 2022.

[7] 刘羽平, 张丽云. 农业经济建设与发展研究 [M]. 长春：吉林人民出版社, 2022.

[8] 谭启英. "互联网+" 时代背景下农业经济的创新发展 [M]. 北京：中华工商联合出版社, 2022.

[9] 刘明娟. 中国农业微观经济组织变迁与创新研究 [M]. 芜湖：安徽师范大学出版社, 2021.

[10] 孔祥智, 钟真, 柯水发. 农业经济管理导论 [M]. 北京：中国人民大学出版社, 2021.

[11] 李秉龙, 薛兴利. 农业经济学 [M]. 4 版. 北京：中国农业大学出版社, 2021.

[12] 解静. 农业产业转型与农村经济结构升级路径研究 [M]. 北京：北京工业大学出版社, 2020.

[13] 许璇. 农业经济学 [M]. 北京：中国农业出版社, 2020.

[14] 刘雯. 农业经济基础 [M]. 北京：中国农业大学出版社, 2020.

[15] 曹慧娟. 新时期农业经济与管理实务 [M]. 沈阳：辽海出版社, 2020.

[16] 李劲. 农业经济发展与改革研究 [M]. 北京：中华工商联合出版社, 2020.

[17] 杨应杰. 农业经济问题相关研究 [M]. 北京：中国农业大学出版社, 2020.

[18] 邢旭英, 李晓清, 冯春营. 农林资源经济与生态农业建设 [M]. 北京：经济日报出版社, 2019.

[19] 方天堑. 农业经济管理 [M]. 北京：中国农业大学出版社, 2019.

［20］张忠根. 农业经济学［M］. 北京：科学出版社，2019.

［21］张德元. 农业经济学刊［M］. 北京：社会科学文献出版社，2019.

［22］朱俊峰. 农业经济基础［M］. 北京：国家开放大学出版社，2019.

［23］李永东. 农业经济学［M］. 北京：中国人民大学出版社，2019.

［24］高子清，张金萍. 农业经济增长研究［M］. 北京：国家行政学院出版社，2019.

［25］赵丽红，刘薇. 绿色农业经济发展［M］. 咸阳：西北农林科技大学出版社，2019.

［26］顾莉丽. 农业经济管理［M］. 北京：中国农业出版社，2019.

［27］唐忠，曾寅初. 中国农业经济制度创新研究［M］. 北京：中国农业出版社，2019.

［28］施孝忠. 农业经济管理与可持续发展研究［M］. 北京：科学技术文献出版社，2019.

［29］陈其鹿. 农业经济史［M］. 郑州：河南人民出版社，2018.

［30］赵俊仙，胡阳，郭静安. 农业经济发展与区域差异研究［M］. 长春：吉林出版集团股份有限公司，2018.

［31］赵维清，姬亚岚，马锦生，等. 农业经济学［M］. 2版. 北京：清华大学出版社，2018.

［32］张正河. 农业经济管理［M］. 北京：国家开放大学出版社，2018.